岡山大学社会文化科学研究科
学内COEシリーズ｜3

東アジアの「もの」と「秩序」

荒木　勝・鐸木道剛 編著

大学教育出版

東アジアの「もの」と「秩序」
目　次

発刊にあたって ……………………………………………… *1*

第 1 部　哲学的「もの」観 …………………………………… *7*

第 1 章　中国的「もの」、または影に生きる ……………… *8*
　　　　　Things Chinese, or Living in the Shadow
第 2 章　レビヤタン ― グローバル化する日本の精神 ― ……… *21*
　　　　　Рэбиафуан. Дух глобализированной Японии

第 3 章　「不可視の秘仏」と「可視のイコン」― 近代の物質観の淵源 ― … *33*
　　1.　秘仏　*33*
　　2.　意識ある生きている仏像　*35*
　　3.　「もの」の命の否定、さらには受肉による「もの」の聖化　*39*
　　4.　奇跡のイコン　*45*
　　5.　『ドン・ジョヴァンニ』　*48*
　　6.　偶像論の陥穽　*50*

第 4 章　ものと神々しさ ― Things and their Divinity ― ………… *55*
　　1.　観念論における「もの」　*56*
　　2.　アイデアのリアリティーと神性　*64*
　　3.　「観念論論駁」と「もの自体」　*69*
　　4.　積極的意味でのヌーメノンと知的直観　*70*
　　5.　「もの」の神々しさ　*77*

第 2 部　美学的「もの」観 …………………………………… *85*

第 5 章　日露文化交流の展開におけるサンクト・ペテルブルグの役割 …… *86*

目次 iii

第6章　エルミタージュ美術館の東アジア美術コレクションと林忠正コレクション ……………………………………………………………… 98

第7章　20世紀初頭のロシアにおける「ジャポニスム」
　　　　──P.クズネツォフ「日本の版画のある静物」（1912年）を中心として──……………………………………………………… 106
　1. はじめに　106
　2. 日本美術の影響が見られるロシア絵画──P.クズネツォフ「日本の版画のある静物」（1912年）──　108
　3. 18世紀における日本文化の紹介　117
　4. 帝政期ロシアにおける日本美術展　120
　5. おわりに──「日本の版画のある静物」の図像解釈──　130

第3部　「秩序」観の諸相 ……………………………………………… 145

第8章　ロールズの正義観と韓国社会 ……………………………… 146
　1. 序論　146
　2. ロールズの正義観と韓国社会　148
　3. 韓国からみるロールズの正義観　159
　4. 結論　161

第9章　民主的個人性について
　　　　──北村透谷からジョージ・ケイティブへ──…………… 167
　1. 問題の所在──非制度的デモクラシー論の伝統における「離脱」と「関与」──　167
　2. 「道徳」と「対立」──ジョージ・ケイティブと政治理論の課題──　172
　3. 「疎外」と「二重性」──アーレントからエマーソンへ──　173
　4. 「民主的超越」と「内なる大海」──エマーソン、ソロー、ホイット

マン— *176*
5. むすびにかえて *179*

第10章　日本官僚制における職場内秩序 ― 課長による統制の限界 ― … *183*
1. はじめに *183*
2. 職場における諸集団の人事と役割 *186*
3. 職場構成と課長による統制の限界 *197*
4. おわりに *203*

東アジアの「もの」と「秩序」

発刊にあたって

荒木　勝、鐸木道剛

　『東アジアの「もの」と「秩序」』と題する本書は、第1巻『地域統合―ヨーロッパの経験と東アジア』第2巻『地域間の統合・競争・協力』に続く全3巻シリーズの第3巻目である。本書も岡山大学社会文化科学研究科の学内COEとして、岡山大学の学長裁量経費の助成を得た学内COEプログラム「越境地域間協力教育研究拠点づくり」による国際共同研究の成果である。このプログラムの目的は、第1巻の序文で次のように述べられている。すなわち「東アジアの持続可能な発展にとって中心的な役割を果たすべき日中韓の相互認識と理解を深め、研究教育分野における協力関係を発展させて3国間の越境地域間協力を担う人材（研究者、高度職業人）を育成することを狙いとしている。この目的のために、本プログラムは、一方においてEUにおける地域統合の経験から学ぶためにその実態の研究をすすめ、他方では日中韓の大学・研究機関との研究教育協力ネットワークづくりを進めるものである」（清水、2010）。

　本書は、第1巻、第2巻の政治、経済分野の研究成果を念頭におきながら、さらに東アジアの地域の共同性を考える際に避けて通れない、価値観、規範観の問題を論じたものである。本書のテーマが「東アジアにおける「もの」と「秩序」」となった経緯について簡単に記しておく。

　当初この企画を担当することになった荒木、鐸木は、アジア、とくに日本、中国、韓国の価値観に共通する土台はなにか、について議論した。

　それはおそらく西洋の価値観に対して、アジア人として共通の思考的土台となるものであろう。もしそうであるならば、それはアジア人の思考と西洋人の思考の根源的相違にかかわる次元の問題となるであろう。それゆえ我々は、

アジアと西洋の価値観の相違がもっとも明確に表れているところに絞ってテーマを設定することとした。繰り返し議論した結果、2人の意見は、おそらく西洋と東アジアの価値観の相違は、人が自他を含めた認識対象に向かうときに生じる、「もの」とはなにかという最も基本的な問いの在り方の相違にあるのではないか、また「もの」は自然界のものであれ、人間界のものであれ、すべて運動の裡にあるが、その運動の相が生じさせる「秩序」の捉え方の相違にも、西洋とアジアの価値観の相違が表れているのではないか、ということで一致した。とくに人間社会という「もの」が採る「秩序」の在り方、またそうした「秩序」への理解のあり方、秩序観は、端的にアジアの価値観を表出しているのではないかということになった。

　本書のテーマが「東アジアにおける「もの」と「秩序」」となった背景はおよそこのようなものである。

　そうした観点から本書の構成は以下のようになった。
　　第1部　哲学的「もの」観
　　第2部　美学的「もの」観
　　第3部　「秩序」観の諸相

　以下簡単に各部で取り上げられる内容について紹介する。それぞれの論考は、2008年12月21日に開催した学内COE国際シンポジウム「アジアにおける規範と価値」で報告されたものが中心であり、第1部は、午前中の「東アジアにおける物質観」、第2部が午後の「ロシアにおける東アジアの美術」のセッションにおいて報告されたものによっている。

（荒木　勝）

〈第1部〉

　「アジアにおける物質観」として考えようとしたのは、近代の物質文化の再考が言われて久しい状況での我々の物質観である。近年しばしばアニミズムの復権が主張され、サン＝テグジュペリの『星の王子さま』から「大切なものは眼にみえない」との言葉が引用されることが多い。しかし、これが西洋の物質観かというと伝統的にはまったく違うことに注意せねばならない。つまり、中世ビザンティンにおいて成立したキリスト教の教義をみればわかるように、キ

リスト教は神が物質となり（受肉）見えるようになったといい、物質文化を肯定する、世界でも例外的で奇妙な（！）宗教なのである。西洋の近代物質文明はそのキリスト教に基礎付けられている。

　非ヨーロッパの我々としては、ヨーロッパにおける物質文明の自己確認（Nelson 2000）や自己批判（Shepherd 2006）とはかかわりなく、西洋物質文化のよってきたるところを知る必要がある。そのことこそ、近代化が終わった今だからこそ初めて可能となった日本の人文科学の責務であると考える。

　第1章の「中国的「もの」、または影に生きる」は、シンポジウム第1部の「東アジアにおける物質観」にいわば基調講演者として参加をお願いした台湾の淡江大学のヴラディミル・マリャーヴィン氏によるその講演の原稿の翻訳である（原文は英語）。マリャーヴィン氏は単著が30冊以上あり、1985年に刊行された荘子のロシア語訳で知られている。「学者としてよりは、むしろ思想家」（神戸外国語大学のリュドミラ・エルマコーヴァ教授の言）としてロシアで著名である。マリャーヴィン氏の荘子のロシア語訳には、ロシアで最も重要な修道院であるセルギエフ・ポサード修道院のフェオグノスト修道院長も熱中しており、ロシアの読書界への影響が大きい。現在、老子の翻訳を刊行準備中である。

　また第2章「レビアタン―グローバル化する日本の精神―」は、マリャーヴィン氏の、今回の岡山でのシンポジウムを機としての30年ぶりの日本滞在の印象記であり、2009年夏にロシアで発表されたものの翻訳である（原文ロシア語）。

　第3章として「「不可視の秘仏」と「可視のイコン」―近代の物質観の淵源―」は、鐸木がシンポジウムで報告した内容を補足して記したもので、西洋キリスト教文化における「物質文明」の位置付けを8世紀のイコン論にさかのぼって説明することを試みている。「物質文明」は、イコン成立の根拠である「物質の聖化」を前提としているのであり、神の無化（物質化）と物質の聖化（神化）のパラドキシカルな運動に基礎付けられているという、マルティン・ルターも『キリスト者の自由』のなかで記す極めて基本的なところを祖述したものである。そしてそのなかで「物質」と「永遠」の関係も定められ、技術（つ
アルス

まり「物質」)としての「芸術(アート)」が成立するのであり、自己表出としての芸術観は19世紀あるいは、さかのぼってもルネサンス以来のことでしかないことにも及んでいる。

　第4章として、「ものと神々しさ──Things and their Divinity ─」についてば、カントの専門家である本学の北岡武司教授に原稿をお願いした。シンポジウムの後、それを受けての原稿依頼であったが、寄稿を快諾してくださった。

〈第2部〉

　ここでは、具体的な物質文化として美術を取り上げた。その際、半ばアジア的、また半ばヨーロッパ的であるロシアから、しかもそのキリスト教がビザンティン神学を継承することによってきわめて興味深い位置にあるロシアから見た日本やアジアの物質観に関して、ひろく国際関係から、ペテルブルグ大学のナタリヤ・ボゴリューボヴァ助教授に、第5章の「日露文化交流の展開におけるサンクト・ペテルブルグの役割」という論考をお願いした。

　第6章として、特にエルミタージュ美術館におけるアジア特に日本の文物について、学芸員のアレクセイ・ボゴリューボフ氏に「エルミタージュ美術館の東アジア美術コレクションと林忠正コレクション」の論考をお願いした。アレクセイ氏はシンポジウムにおいて、戦後ベルリンから行方不明になっていた、林忠正がベルリンに売った美術品を含む日本美術コレクションについて報告した。このことはニュースとなって、山陽新聞と毎日新聞で報道された。

　第7章として、本学の博士課程前期の修了生でもある福間加容氏に、ロシアにおけるジャポニズムの性格を論じた「20世紀初頭のロシアにおける「ジャポニズム」─ P. クズネツォフ「日本の版画のある静物」(1912年)を中心として─」という論考をお願いした。

　アジアの物質文化の基礎付けの試みは、さまざまになされている。ヨーロッパでのキリスト教の役割を仏教が果たしたとも考えられ、「もの」である草木にも仏性をみる天台本覚思想から、あるいは「作善」から日本の美術品を説明しようとする試みもある。また本地垂迹によって、高僧も高僧の肖像も同じ垂迹であるとして、肖像画あるいは肖像彫刻の存在意義を説明する試みもある。

　ユダヤ・キリスト教は、「神のイコンに従って」(『創世記』第1章27節)

創造されプネウマ（霊）を吹き込まれて神に由来する人間と、人間以外の被造物を「もの」としてはっきり区別する。そして旧約ユダヤ教による被造物としての空しい物質（『伝道の書』）の確認ののちに、今度は新約キリスト教の受肉によって、物質世界が祝福されて肯定されるというプロセスが、787 年の第 2 ニケア公会議にいたるキリスト教の教義の成立のプロセスなのであり、そのような考えは我々の歴史にはないということを確認する必要がある。

　物質世界を否定することは本能的なものであり簡単である。バーミヤンの石仏を破壊するのは我々である。しかし物質世界の否定に導く可能性もある問いに対して、キリスト教の物質肯定を確認することから、世界の秩序の構築が始まる。絶対的な神の前での無、すなわち無ゆえの平等から民主主義も根拠を得るのであり、近代を確認することが近代の病を根っこのところで解決すると考える。西洋がサン＝テグジュペリを引用することは、西洋の自己批判なのであり、我々はそれとはかかわりなく、むしろ逆に神が見えるようになったがゆえの物質の聖化と近代物質文化の根源を知ることが、現在の目前の生活のためにも必要なことと思う。

（鐸木道剛）

〈第 3 部〉

　第 8 章の「ロールズの正義論と韓国社会」は、1970 年代以降の韓国におけるロールズ正義論の受容の特質を論じたものであり、同時に現代の韓国社会の秩序観と西洋のリベラリズムとの緊張関係を論じたものでもある。この章は、韓国における伝統的な秩序観の変容にも言及しており、韓国固有の正義観の形成を展望している。著者の張東震教授は、韓国の延世大学・社会科学部の教授であり、韓国を代表するロールズ研究者である。

　第 9 章の「民主的個人性について―北村透谷からジョージ・ケイティブ―」は、近代日本の思想家北村透谷の思想を、脱政治的文脈で理解するのではなく、現代アメリカの政治思想家 J. ケイティブの民主的個人性に関する思考と比較することによって、その思考の政治思想的意義を論じている。本章は、日本近代に移植されたデモクラシーが、制度的形骸化に堕することなく生きた精神、エートスに転嫁する思想的可能性を歴史的に探ろうとするものである。著

者小田川大典氏は、近現代のイングランド、北米の政治思想の分析を専門とする岡山大学の西洋政治思想史の教授である。

第10章の「日本官僚制における職場内秩序—課長による統制の限界—」は、現在の日本の官僚制に存在する独特の秩序の在り方を、課長職の機能を中心に考察したものである。課長は形式的には、1つの執務室における「一国一城の主」であるが、その部下にキャリアや専門知識を異にした多くの部下をもつことによって、極めて複雑な統制力を行使しなければならない、とされる。日本官僚制に現れたこのような独自の秩序は、韓国、中国での官僚秩序の特質を理解する糸口になるであろう。著者の築島尚氏はドイツと日本の官僚制の研究を専門としており、岡山大学の行政学の准教授である。

以上の諸章からなる本書は、学内COEプログラム「越境地域間協力教育研究拠点づくり」による国際共同研究の成果ではあるが、その目的からすれば到達点ではなくむしろ出発点である。今後は、本書の説明するEU統合の経験と東アジアにおける経済統合と日中関係の現状認識を踏まえて、韓国も含む日中韓の越境地域間協力のための教育研究分野の協力関係がさらに進展することを期待している。

最後に、学内COEプログラムおよび本書の刊行を助成してくれた岡山大学、ならびに本書の出版を快く引き受けてくれた大学教育出版にお礼を述べておきたい。

(荒木　勝)

参照文献

清水耕一編著（2010）『地域統合—ヨーロッパの経験と東アジア—』大学教育出版.
遠藤乾編（2008）『ヨーロッパ統合史』名古屋大学出版会.
Nelson, R. (ed.) (2000), *Visuality Before and Beyond Renaissance*, Cambridge.
Shepherd, M. (ed.) (2006), *Presence: The Inherence of the Prototype within Images and Other Objects*, Ashgate.
若森章孝・八木紀一郎・清水耕一・長尾伸一編著（2007）『EU経済統合の地域的次元—クロスボーダー・コーペレーションの最前線』ミネルヴァ書房.

第1部

哲学的「もの」観

第1章　中国的「もの」、または影に生きる
Things Chinese, or Living in the Shadow

ヴラディミル・マリャーヴィン

　西洋と東洋の文明について、簡単で実り多い比較の方法がある。西洋文明は思想の内容を探求し言語化することに基づき、東洋文明は思想の限界そのものを問題にする。それゆえ、西洋哲学は本質、形式、観念、本体を扱うが、東洋の精神は、常に実践的な知恵を求め、生の原初的力学に直接触れている。そのため西洋の思想は、主体と客体、精神と物質、経験主義と理想論等々の対立を基軸にするが、東洋の伝統には、そのような対立はない。経験の内的深みと外的装いの間に繊細（「妙」）で捉え難い象徴的な繋がりがあるのみであり、それが「もの」の「影」である。その経験の両極端はどんな主体また本体をも超えたところにあり、知性のみでは近づけない。特に分析的には区別できず、あらゆる同一性を超越している。

　西洋と東洋は歴史的展開が異なっていることはいうまでもないが、しかし両者は最終的に融合し、事実、互いに近付きつつある。このことは今まで気づかれていない人類の共通の性質を示しているのかもしれない。近代とは「西洋の挑戦」であり、精神を機械に従属させ、最終的に精神を純粋な物質性に解体させる。西洋の歴史において世界の精神的な側面と物質的な側面とのギャップがますます広がりつつあることを考えるとよい。しかし両者の分離は見かけであって、隠されているが、機能としては似ているのであり、ジャン＝リュック・ナンシーが書いているように、知的に把握された内在論であるナチズムの「血と大地」の政治は、死の収容所に至ったのであり、そこで人間の精神は純粋な物質性である灰に組織的そして不可逆的に解体されたのであった[1]。ラヴレンティ・ベリア、すなわちスターリンのもとで絶大なる権力を持っていた秘

第1章　中国的「もの」、または影に生きる　9

密警察の長官がしばしば使っていた脅し文句は、このように考えると単なる暴君の想像力が生んだ気味悪い遊びではない。怒りに燃えたときに、しばしばベリアは人々に「お前を収容所の埃にしてやる」と叫んだという。

　それゆえ、死の収容所に端的に示される「生命のない物質」は、近代の投企の究極なのである。西洋のその後の歴史は、この恐怖から逃れる試みであった。ポストモダンの哲学は、同一性ではなく差異を主張し、共通の希望に満ちた未来ではなく、差異のある異質ともいえる現在を求める。それは「もの」に個別の体現としての自立を与える。ブルーノ・ラトゥールの言う「〈もの〉の議会」、またさらにボードリヤールの言う「〈もの〉の反乱」という考えである。ポストモダンの思想では、物質は精神と再び一体となるのであり、それは、ものを、存在の現実／虚構の2つの面を結ぶ短い回路の性質をもつ象徴として扱って、「無とする」ことによってであり、象徴の自己永続の条件となる。それを可能にするために我々は、古典的西洋の思考の基礎であった同一性と模倣（ミメーシス）の原則を捨てて、本質的に質的な思考と理解される類似の考えに依らねばならない。類似は出来事であり、外見や像（イメージ）ではない。類似は、主体の等質性を分断し、形と内容の統一を壊し、模倣によるイメージを別種のイメージに取り変える。その性質は、例えば、「シミュラークル（ジル・ドゥルーズ、ボードリヤール）」「代替物（ポウル・ヴィリリオ）」またベルグソンにならっていえば単に「幻影（ファントム）」と定義される。ここではイメージは本来的に偽なのではない。東洋の伝統では、それらは存在と不在の彼方にあり、その存在理由は存在の純粋な現前であり、無限に変化する装飾である。この超現実は、物質と仮想が一体となった世界を破壊不可能なものと考える。だからポストモダン哲学の考える世界は、いわばあらかじめ、絶対的に自発的に、仮想体験の内在性において肯定されているのである[2]。

　この文脈において、エマニュエル・レヴィナスの含蓄深い論文「現実とその影」（1948年）を思い出すことは有益である。レヴィナスによると、現実はその透明な身代わり（つまり影）として把握されねばならず、それはその内容を保つことができず絶えず失われつつある。その結果、「感覚的なものは、自分自身に似ている限り、影を投げかける限り、真実のなかで明らかにされるので

はない曖昧で捕え難い本質を投げかける限りのものである」[3]。明らかに、この言葉の真実は時間内での存在の純粋な現実とは違う。純粋な現実は、内在的で、それ自身の自明な顕現であるから、特別な顕現を必要とはしない。

　おそらく多くのひとにとって意外なことであろうが、近年の情報技術の革新によって強められた（ポスト）近代の西洋の思想は、物質世界に対する伝統的中国の考えと合流してきている。興味深いことに、中国語には西洋の物質や物質性に似た単語はない。心や精神に対応する単語もないのである。物質の観念は、いくつかの違った言葉にまたがっている。「物」「(気)エネルギー」「質（実体）」「体」などである。たぶん、西洋の物質に最も近いのは「物」だろう。しかし中国での「物」の思想は、変化（易）の思想と密接に結びついている。変化の思想は、当然のことながら自らを超え、さらには無窮の曖昧さ、そして自己滅却に分解する。もともと「物」という字は犠牲の動物を意味し、それゆえ儀式の変質作用を持つ象徴を意味する。古代のテキストでの「物」の観念は、存在の混沌とした全体の観念と結びついており、興味深いことに中国では、原初の混沌と美的に自由な生活の文化行為、この両者を意味しているのである。古代の格言にいう。「物の混在は、包括的で完璧な力を生みだす」。つまり世界の自発的な秩序には、自己制御する道徳的に正しい力である「徳」が備わっている。

　すでに『道徳経』には、世界の混沌とした全体が「物」と呼ばれているのである。1993年に郭店で発見された『老子』のテキストには、今までにみられない漢字が使われている。ある学者は、それを「像」あるいは「形」と解釈するが、最終的に馬王堆版を見ると、通常の「混沌」という言葉の代わりに、「類似」あるいは「分割されない全体」を意味する似たような漢字が使われている。このテキストの多様性が、中国の「もの」観念の記号論的豊かさを示しているのである。

　荘子にとって物質世界は、「大塊」（荘子「斉物論篇」：H. G. クリールの訳では「大土くれ」）に過ぎなかった。しかし道教の哲学者は物質主義者ではまったくない。この塊の性質は「風」なのである。そこで、ロシア語の「もの」にあたる「ヴェスチ（вещь）」という単語もまた聖なる予感を帯びた風と声と関

係があるのは注目すべきことではないだろうか。古代の考えで「もの」は、世界全体と同様、生きていて聖なるものであった。

　当然「もの」の自発的な秩序は、それ自身では立ち行かず、ひろく「文（装飾パターン）」として現れる。「文」は、自然の形と人間の細工物、とりわけ文字を意味する。自然の文化との連続を支えるのは、類似の原理である。文字の性格は中国の伝統では、二方向をもつ「類似」すなわち「如」として定義された。中国の文字は、一方では自然のイメージであり、またもう一方では文字を記す人の精神の状態を示すからである。だから文字を書くことは世界の繊細な本質の結晶化（自然の創造物）と人間の心理の昇華（文化的創造物）の2つの変容の力を体現し、道教のさまざまな魔術的記号と同様、それ自身の類似を示すことができる。この奇妙な美しい記号は、中国文化で何が完璧な「物」になりうるかを最も良く示しているのかもしれない。それは三重の類似すなわち天と地の互いの類似、そして人間の創造活動の産物としての自己自身の類似である。文字は「もの」の本質的な特徴を分節化するので、経験された世界よりも真実であるからである。

　ここに中国における「もの」観念の鍵がある。「もの」はそれ自身のなかに自分の他者性、自分の不在を含んでいる。そもそも老子以来、中国の思想家たちは、軽くて軟らかい素材は常に重くて硬い素材を凌駕すると指摘してきた。彼らは、雲が硬い岩肌を通っていくことを、不在のほうが物理的世界よりも優位であることの目に見える現れと考えた。つまり物質は崩壊することが宿命であるのであり、実際道教の思想家の荘子にとって、世界は可能なかぎり細かい粉になった芥の巨大な雲なのであった。浮遊する霧は中国の詩人や画家たちに原初の物質の夢を思い出させた。このような見方を可能とするのは、高度な精神の集中、特別な精神的感受性であることを忘れてはならない。中国の伝統では「道（真実）」とは、「もの」と「もの」との間の無限に小さな距離、偏在する中心線なのであり、それが世界の無限の変化と豊かさを可能とする。そして世界は、この差異化によってそれ自身の影となる。影の存在は、反省の産物であるから文化の産物である。中国における真実とは、なによりもまず文化の「道」である。

中国においては、世界を支配する超越的な原理などない。それは「もの」だけの世界で、そこでは「もの」がそれぞれ創造的な潜在力で自分の運命を実現する。中国人は変化する世界に、すべてを満たすエネルギーである「気」の働きを見てきた。気の密集と分散が、我々の周りの観察可能なあらゆる変化を説明するのである。いまや我々は次のように言うことができる。無限の差異化を生み絶対的な非差異化に極まるまさにこの類似の原理、もしくは体と影の関係こそが、「解体する統合」あるいは逆説を続けるなら「超越的内在」の渦としての空間の観念を可能にするのである。中国の伝統では、物質性は決して受動的な死んだ物質ではない。変貌させる力、存在の現実／仮想の次元の無限に短い回路を体現し、常にそれ自身を超えて自分自身に戻る（老子による「道」）。この回路を動かす力は生の源そのものであり、中国では「天の刺激（天機）」また「隠れた刺激（玄機）」などとして知られる。なぜ隠されているのか。なぜなら存在の中心性、「もの」の核は、内に向かう差異化の底の知れない深淵であるからである。それは静寂の瞬間であり、休息であり、永遠の幕間であり、それはまた存在の強化、時間の凝縮の瞬間でもある。それゆえこの存在の本質的に仮想の深淵は「徳」の抵抗し難い力を放出するのである。中国の中道の師匠たちは、中国の「拳法（クンフー）」の不思議をみればわかるように、よくわからないが信じ難いほど効果的に「もの」を動かすのである。「中道を保つ」（守中）ことは知識ではなく、まったく自然であり、ほとんど自然をも超えた行為である。つまるところ、徳の行為は存在の豊かさを解き放ち、世界の物質性は空虚のなかで輝くのである。

ならば人間の活動は、文字を書くことも、絵を描くことも、また細工にしても、自然のなかの変容と同じく偽りの外見を解体して、経験の生きた性質を露わにする。書については、すでに漢時代末期に蔡邕が「散（解体）」であると記している。それは見えるものを陰と陽の戯れに解体し、あらゆるものの「自然（そのまま）」に出会わせる（この「自然」もまた中国では経験の質と関係する）。16世紀の絵の目利き李開先（1501〜1568年）は「あらゆるものは、大きいものも、小さいものも、それぞれがそうであるところに根ざす奇跡の原理を内に持っている」と記している[4]。この「奇跡の原理」が静寂に昇華され

第1章　中国的「もの」、または影に生きる　*13*

た力学であり、その気高さを肯定する存在の垂直軸である。

　中国の易の哲学は、形而上学（metaphysics）というよりはいわば形而「内」学（intra-physics）なのであり、それは一見して硬い表面の下で、自己投影の常に変化する連続、つまりあらゆる物体に先立つ純粋な繋がりのネットワークを露わにする。それは事実の下にある純粋な事実性（あるいはドンス・スコトゥスやジル・ドゥルーズにならって「これ性（haecceity）」というべきであろうか）の世界であり、世界の「宗（偉大な祖先）」であり、その形のない体のなかで「もの」が互いに、どんな論理におけるよりも直接的自発的に繋がっている。この原初の「もの」の錬金術では、主体と客体の対立はない。それは、あらゆるものが今存在し始めたばかりであり、また何にでも成り得る世界の夜明けである。この原初の自由の見通しのなかで、「もの」は、生の終わりなく変化する抗し難く捉えどころのない力学の印なのであり、その性質は常なる変化、自己差異化であり、自己から離れている。「自然」「如来」つまり「そのままであること」は、「もの」のこの普遍的な、しかし常に個別的な相互関係を示す言葉であり、存在はさらに小さく密な存在に絶えず変わっていく。この変容の本質こそが多様性の存在論と完璧への希求を正当化するのであり、自然と文化を1つとし、また存在と行為とを1つとする。

　それゆえ中国世界の秩序は、自発的な「もの」の「混沌」に他ならない。「もの」は同時に事実であり、また細工物でもあり、この人間経験の2つの側面は「これ性（haecceity）」によって統一される。中国における「もの」は観念には従わない。「もの」の存在自体とその実現は、定義されたり限定されるのではなく、世界に開かれて（「開物」）いるのである。だから中国世界におけるあらゆるものは自己充足しており、それはまさに、それ自身以上でもあり、また以下でもある。「もの」にはすべて宿命があり、決まった型（「品」、「格」）に自らを整え、文化の基本の単位となる。伝統的な中国の学問と芸術は、そのような型のレパートリーに基づいており、いわば空虚のまわりの仮想性の雲なのである。しかし空虚はそれでも「存在の堅固な事実」（ホワイトヘッド）として際立っている。この伝統の富は、精神の解放の努力、すなわち存在が開かれていることに向かって自発的に自己を開いていくこととともに拡大する。そ

れゆえ一連の型を学ぶことが中国の芸術と宗教において教育の中心的な方法となっているのである。事実、型は我々の周辺の一連の「もの」と同様、自然であり、なおかつ超自然（中国的曖昧さの見事な例）でさえある。

　「もの」の価値は、その変容によって無限の連続性を露わにすることにある。それは実践的であると同時に美的でもある。「もの」の最も価値ある性質は「古い」ことであり、我々のまわりの「もの」は、石でも木でも家でも、また人々でも「古い」がゆえに、つまり経験の不思議な深みを体現しているがゆえに評価される。「もの」の真実は、親密であると同時に近寄りがたく、なにか忘却されたものであると同時に、なぜか親しいもので、存在の重なりのなかでそれとわかる。古代中国の文人たちは、しばしば石を観想さらには崇拝の対象としたのはそのためである。なぜなら石は、明時代の目利きの文震亨（1585～1645年）が言っているが「我々に古を考えさせる」[5]からである。「古」とは、子供っぽくも自由な精神の戯れの空間を意味している。

　しかし中国人は「もの」について考えるときは、必ず用途を考える。用途の意味は、中国の伝統では、主体と客体の対立や道具に関わる西洋の用途の考えよりはるかに重要である。それは実際、肉体存在の力学に等しい存在論的な用途を意味し、純粋な事実性であり、具体的で流動的な実践と一致し、あらゆる「事実」に先行する。まさにこの象徴的な用途が、常に変化する「混沌」の全体性を支えている（「混沌」は中国では自然の「混沌」であり、文化の「混沌」でもあることに注意せねばならない）。明時代の有名な画家で目利きの董其昌（1555～1636年）は、古物は、時間とともにその真実の性質を明らかにするから価値があると言い、それはちょうど、木々や山肌が裸になる秋に「もの」の真実は輝くように、と同時代の梁子成の言葉を引用している。しかしそういう古物の場合でも、「もの」の真実は観想のためというよりは、使用のためである。古代の「もの」が我々にとって貴重なのは、董其昌によると、古代の賢人たちがそれらを使い、それらに頼ったからであるという。それゆえ「もの」は互いに関係し合い、依存し合い（フランス語の relier という言葉の意味が最も近いだろう）、そして最後に「世界全体は大きなひとつの古物となる」[6]。この表明は比喩でもあり、同時にまったく文字通りの意味でもある。これはまた

「大いなる秩序は、分離を知らない」という老子の精神での中国の全体的な見方を示すよい例でもある。

　骨董品は事実、「古玩（昔の玩具）」もしくは単なる「玩具（おもちゃ）」である。それは「道」の性質を露わにする。それは差異化であり、純粋な時間性であり、我々の精神を存在の自己超越の飛翔に自由に遊ばせる。玩具は子供のためである。我々が「もの」と対話するには、生に対して子供がもつ信頼と、世界に対する子供の開放性がなければならない。世界への開放性とは、実際、純粋で単純な変容である。石やコップは叩くと音がする。ブロンズの容器は匂いがし、花瓶にもなる。我々が「もの」に出会うのは、その用途を知ったときである。しかし「もの」の美的な用法は、我々の心を内向きに、そして逆向きに「中間」へと導く。「昔の玩具」との出会いにおいて、我々は「他者」との平衡を見つけることになる。昔の人々の「もの」との伝心を発見することは、董其昌によると「いらだった心を強め、堕落した生き方を矯正する」のである。それはまた健康と長命を保証する。しかし普遍的な中間に戻るためには、老子はいう、「物と反せり。然る後に乃ち大順に至る」（『老子道徳経』第65章）。

　これが中国の知恵による「もの」の用途である。つまり、精神の最初の充足の回復である。常に時間のなかで起こる変化は時間性の本質そのものを示し、「もの」の性質を明らかにする。この回復運動の観想実践のなかで、「もの」の実践的な性質と美的な性質は再び1つとなる。ここでは「もの」は美しくまた有益であり、真実を体現している。それゆえ生の脆い表面は、生が信頼に耐えうることの最高の保障なのである。人は自分の投影の影で生きるしかない。「道…同其塵（道は万物の塵に己れを同じくする）」（『老子道徳経』第4章）。しかし自分を世界に投影するこの勇気ある行為は為すに値する。生はその有限性ゆえにその真実を増すのである。

　それゆえ中国世界における「もの」は、ユニークで自己充足して自由な個性を示す最良のものである。古物への情熱は孔子その人とともに始まり、まさに彼の個人的な所有物が、彼の生き方とライフスタイルとともに、賢者の弟子たちと後の世代によって大切にされたのである（司馬遷の孔子賛美がよい例である）。儒教の真の基礎はさまざまある観念ではなくて、文化が物質的に存在し

ていることである。道教と仏教は、それに「もの」の影としての意味を付け加えたのであった。

　ここで類似の原理のおそらく最も重要な側面に至る。それは「もの」と「イメージ」のあいだの双方向的な繋がりである。鏡に反射が映るように、前者は後者に変わり得るし、逆もまた可能である。しかし真実の、あるいは偉大な「イメージ」（「大象」『老子道徳経』第35章）は、あらかじめ感受された「精」の現実性に属すのであり、「精」は見える形に生命を与える力であると同時に、世界の全体（あるいは空虚）である。「もの」の象徴的な原型は「天機」の無限に小さな回路として消滅し、外的な形を獲得する。これが確実な領域としての絶対的な差異の原世界である。特徴をもたず、それは純粋なたゆたう現実のなかで行き来する。それは自然な「感応」として生の本質そのものであり、古典的な比喩でいうと、「鳥の飛翔」のように兆候も痕跡ももたない。その文化的また道徳的な現れは、美的に感受されたものの型（品）である。

　民俗学のレヴェルで、この形而上学あるいはむしろ形而「内」学に類似している現象を指摘するのは容易である。チベットから日本に至る東アジア全体にわたって、物質世界は「天文（天の装飾）」また「地理（地の理性）」として把握され、自己分節化と自己形成の過程にあって文化の無数の型を生み出す。まさに中国の諺にあるように「天の仕事は〈もの〉を開示することにある」、つまり「もの」の創造的な可能性を露わにすることにある。特にそれは、完全な象形文字をもつ中国にふさわしい。風景のなかに文化のあらゆる種類の形をみることを教える「風水」の伝統の成立は、このような姿勢の最も知られた例のひとつに過ぎない。神秘的な「天の文字」のなかに記されたテキストを見つけることは、実際、中国文化のなかにプログラムされているのである。しかし私は「もの」の物質性のなかに精神の痕跡を読みとるのに、表音文字を持つチベットの人たちはもっと鋭いことを知って驚いたことがある。ひとりのボン教（チベットの民族宗教）の僧侶が、東チベットの聖なるモルド山の頂上で、ある夜にボン教寺院の周囲で、すべての場所が聖なるものの顕現であることを見せてくれた。例えば山肌はブッダの像に変わり、石にみられる模様は神々の顔となり、岩には経典の一部が現れたのである。このような宗教と演劇との融合

はアジアを通じて、現実を類似とする東方的考えの重要性をはっきり示している。

その美的な相関物は、中国の家屋の内部にもみられる。例えば、椅子の石板の模様が山水風景画に似ていたり、また絵自体でも、ときどき山と霧が一体となって連続したリズムを形作るのであり、それはまた人間の精神の創造力の比喩ともなっている。このように「人」は「天」と「地」を繋ぐ役割を果たすことになる。

だから中国文化における「もの」は、基本的に幻影である。つまり、外の世界にも内の世界にも属さない何かであり、無限に小さなひびを指し示す。それは存在そのものを構成している存在論的な裂け目なのである。

存在の原初的幻影の体験は、あまりにもデリケートで親密なものであるため公の場所では長続きしない。必然的に自然主義的解釈になるか観念的解釈になるかのどちらか、あるいは両方であった。それゆえ中国の画家や批評家には、見られるものと見られないもの、現実と仮想とのバランスを保つのは困難であった。唐末、宋、明時代におこったそれぞれの大様式の勝利の後、芸術の形式は、一方では純粋で非対象の表現主義に、他方では疑似自然主義に解体した。最終的に表現主義絵画は、幻想あるいは悪夢の世界のものとされ、他方、自然主義的な方の絵画は観念的となり、価値と「もの」の世界での新しいアレゴリーの参照システムとなった。清の宮廷は、画院の美的リアリズムと文人画の洗練された象徴主義を機械的に並置することによって、中国絵画の伝統に致命的な打撃を与えた。明末のいわゆる「夢の風景」や「古くて異様な（古怪）」趣味が盛行したことは、伝統を守ろうとした最後の絶望的な試みなのである。しかし中国美術の達成と没落にもかかわらず、中国の文化活動の意味は常に経験の捉え難いバランス、あるいは中道の回復であり続けてきている。

ここで、中国文化と日本文化を比較することが役に立つであろう。中国では伝統が崩壊し、崇高の固定したコードはすべて消滅した。その理由は単純で、「大道（たいどう）」の現実は常に捉え難く、自らを否定し、あらゆるコードを消してしまうからである。中国の遺産を部外者として受け継いだ日本は、その象徴主義を観念的道具的にほかに方法がなかったため、象徴的価値と物理的価値をひとつ

として解釈したため、オーギュスタン・ベルクの言うように、精神的覚醒の経験が日本の物理的外見と一体となったのである[7]。この点において日本は、東洋のなかで西洋的な国となったといえる。陰陽理論によると、極限に到達するならばその反対物に変容するのであるから、東洋にとって西洋になることは、自然な結果なのかもしれない。

　それならイメージの性質について、特に東洋と西洋のイコン的イメージについて何がいえるだろうか。空っぽであること、もしくは自分を否定することで、本物であるアジア的シミュラクラ／幻影の伝統は、キリスト教のイコン観と根本的に異なるようにみえる。しかし、イコンを西洋の形而上学の地平から解釈することは極めて困難なのであって、キリスト教の神学者たちは物質と神的世界との間の対応を説明しようとせず、それを単に深遠な神秘と呼ぶことしかしなかったのである。このことは、キリスト教自体の内部においてイコン破壊運動がおこる原因に常になってきた。説明には、通常神と人との関係（受肉）が言及されてきた。このことは、イコン的イメージは何かの形や本質（ウーシア）を露わにするのではなく、出来事の本性そのもの（パルーシア）を露わにすることを意味しているのであり、顔の無限の深みの神秘そのものを表現する存在の開放性にかかわっている。さらにこの精神的可能性の実現、つまり型から原型の上昇は、神と人の統一を後ろ向きに逆行して回復する性格を持っているのであり[8]、表象としてイメージの表出的質と絵画的質の生きた統一を主張する。

　17世紀の中国におけるイメージの現象学的位置づけの劇的な変化は、あまり知られていない文化の展開の一般的パターンを明らかにするものと思える。明時代末期の文化的変化とヨーロッパのバロックとは明らかに似ている。両者ともに、象徴的現実が自然的現実として時間のなかに現れることによって、象徴的思考から現実的思考への移行を示す。そして両者とも情熱の支配、経験の絶対的内部への関心、そして結果的にだまし絵効果を特徴とする。中国と同様、バロックの微妙なバランスもまもなく古典主義美術の自然主義に変わってしまう。

　それと極めて似通った展開を、ロシア・イコンの伝統の歴史的運命にもみる

ことができる。超越的なイコンの次元は徐々に忘れられ、あるいは物質的な外見によって見えなくなってくる。すでに16世紀初め、イコンに聖なる性質を認めたヨシフ・ヴォロツキーは、当時の学者たちによって異端とされた[9]のであって、16世紀半ばのイコンについての議論は、正教会の聖職者のエリートたちは、イコンとその伝統を形作るイメージの内在的性質に無知であったことを示し[10]。17世紀を通じて、古典的なイコンの伝統は合理的なアレゴリー解釈にとって代わられ、イコン像は自然物のコピーとなったのである。

20世紀の初めになると、ロシアの伝統主義の思想家たちの間でバロック時代のイメージ解釈に似た新しい解釈が起こり始める。イコン像は受肉の教義とは離れて解釈され、象徴的（精神的）現実を直接に再現するものと考えられたのである。これが最初のポストモダンの現れであり、その幻影についての考えは、多くの点でバロックに似た過激な象徴主義の復活であった。ポストモダンの象徴主義は絶対的な内面性の領域、つまり現実を体現する影に導くのである。

イコン問題を決定的に解決したり解決の輪郭を示す用意もないが、ここで西洋と東洋の物質性とイコンについての考えを比較するための共通の基礎を指摘したい。まず第1に、西洋でも東洋でもイメージについての議論は、対象としてのイメージを決定するのは「意思」または「エネルギー」であることに焦点をあてる傾向がある。そして第2に、現実とイメージとの一致もしくは投影は、物理的世界の発展的（またエントロピーの）動きによってではなく、心の逆向きの動きによって成立することである。

文化史的にイメージ理論の東洋的要素は、キリスト教的要素と同じく普遍的である。場所の霊であるゲニウス・ローキ（地霊）は、本質的に場所の「具体性そのもの」（ワルター・ベンヤミン）に関係する経験の強化の表現なのであり、それはロシアの宗教生活に特に重要な位置を占めている。そもそも、ロシアの民衆の正教信仰から荘厳な礼拝、祭日の行事、また十字架や石の礼拝、それぞれの地域に残る精霊信仰など、その物質的側面を取り去ったら何が残るだろうか。他方、キリスト教の宣教師たちがしばしば考えたように、アジアの人々は物質的なものを礼拝し、彼らの生活態度は物質的なものに過ぎないとすることほど事実から遠いものはない。こういう考えは、近代西洋の物質主義的

心性の東方文化に対する自己投影でしかない。「黄過」という神話も、西洋の精神自体の危機に他ならないことを極めて明快に示しているのである。

[翻訳　鐸木道剛]

注
1) J. -L. Nancy (1991) *The inoperative Community*. Minneapolis: University of Minnesota Press, 12.
2) Cf. J. Baudrillard (1994) *Simulacra and Simulation*, (邦訳：ジャン・ボードリヤール (1984)『シミュラークルとシミュレーション』法政大学出版局)；G. Agamben (1991) *La communitee qui vient*. Paris: Gallimard, 91. 特にアガンベンは、存在の自己永続性を「そのままであること」と同一視し、それは後述する中国の「自然」や「如来」の観念に近い。
3) Sean Hand (ed.) (1989) *The Levinas Reader*, Oxford: Basil Blackwell, 135. (邦訳：エマニュエル・レヴィナス (1999)「現実とその影」『レヴィナス・コレクション』所載、ちくま学芸文庫、301-332).
4) *Zhungguo hualu leibian*, 420.（『中国画論類編』）.
5) Wen Zhenheng (1984) *Chang wu zhi*, Jiangsu kexue jishu ed., 102. (文震亨『長物志』江蘇科学技術) (邦訳：荒井健ほか訳註 (1999-2000)『長物志：明代文人の生活と意見』3冊、平凡社、東洋文庫).
6) Dung Qichang. Gudung shisan shuo, -- in: *Meishu congshu*, Taipei: Guangda shuju ed., vol. 18, 255. (董其昌「骨董十三説」『美術叢書』所載、台北、光大書局).
7) A. Berque (1986) *Le sauvage et l'artifice. Les Japonais devant la nature*. Paris: Gallimard, 320. (邦訳：オーギュスタン・ベルク『風土の日本：自然と文化の通態』篠田勝英訳、筑摩書房、1988年).
8) O. I. Genisaretsky (2001) Obrazy i praobrazy. -- in: *Navigator*. Moscow: Put, 315-405. V.M. Zhivov (1982) "Mistagogia" Maxima Ispovednika i vizantiiskaia ikona. -- in: *Hudozhestvenny iazyk srednevekovia*. М., Наука, 108-127. (ゲニサレツキー「像と原像」『ナヴィゲーター』誌所載。ジヴォフ「証聖者マクシモスの『神秘への参入』とビザンティンのイコン」『中世の美術言語』所載).
9) Victor Bychkov (2002) *2000 let khristianskoi kultury*. Vol. 2. Moscow: Universitetskaia kniga, 67. (ヴィクトル・ヴイチコフ『キリスト教文化2000年』).
10) L. A. Ouspenski (1996) *Bogoslovie Ikony*, Kiev: Moscow Patriarchy, 97, 246-271. (ウスペンスキー『イコンの神学』フランス語訳：Leonid Ouspensky (1980) *Theologie de l'icone dans l'Eglise orthodoxe*, Paris.).

第2章　レビヤタン
―グローバル化する日本の精神―
Рэбиафуан. Дух глобализированной Японии

ヴラディミル・マリャーヴィン

　30年ほど前、私は日本の地を後にした。東京の空港の磨き上げられた床の上に立って、回りの物静かな人々、誰のためなのかわからないが流行で着飾った日本の女性たちや、珍しい独特のデザインをぼんやり眺めていたとき、日本に滞在していたロシア人なら誰にでも浮かぶ問いを考えていた。つまり日本人とロシア人が、この氷と炎が一緒になったらどうなるだろう。どちらが勝つか。日本の規律か、それともロシアの自由気ままか。

　フランスの哲学者アレクサンドル・コジェーヴ（彼はロシア人で、もとの名はコジェヴニコフ）は、「日本こそ来るべきグローバル化の世界の手本となるであろう」と断言した[1]。そしてかっこにいれて、ロシア人についてもまたそういえる、とした。しかしロシアは手本になるだろうか。かつて、私の周りではさまざまな実験があった。ゴルバチョフのペレストロイカのあの黄金の日々に世界が私たちに動き出したとき（今では誰もが忘れてしまっている）、ある日本の民族学博物館（訳者註：犬山の博物館明治村）がネネツ人のチューム（移動住居）の実物を展示することを決定した。間に立ったのは科学アカデミーであったが、取引は当時の法律に従って物々交換だった。チュームの代わりに日本の博物館は、船舶用のモーターとコンピューターを設置すること、そしてソヴィエトの学芸員3人を受け入れることを約束した。そうして私は日本に来ることになったのだが、コンピューターと船舶用のモーターを受け取ったのは、ネネツ人の住むサレハルド（ウラル山脈の北の町）の当局で、チュームを分解した柱の束とそのほかの部材はモスクワの税関が差し押さえて、跡形もなく行方がわからなくなってしまった。取引はこのように行われ、当のチュー

ムの所有者であるネネツ人の国営農場はチュームを失っただけ、日本の博物館にはチュームが届かないという馬鹿らしいことになった。そうして、日本の学会とソヴィエト時代末期のロシアの学会との間のサクラの花のように儚い愛もまた終わったのだった。

　そして再び今、2008年の暮に私は小さな学会に参加するために岡山に向かっており、途中の関西空港の鏡のように清潔な床の上に立っている。日本人がロボットのようだとの先入観は正しくない。というのは、私には小さな喜びでもあったが、パンのなかの干しブドウのように記憶のなかに残っている日本語の単語で、私は彼らに向かってちょっと質問してみた。すると彼らは愛想よく、そして詳しく答えてくれたのであった。そして「はるか」という威勢のよい名前の列車が、空港の地下から広い海峡（大阪湾）に架けられた橋へと私を運ぶ。慌ただしい車輪の音とともに橋脚のむこうから、とてつもない「怪物ゼロ・オブロ」（訳者註：1790年刊行のアレクサンドル・ラジーシチェフ著『ペテルブルグからモスクワへの旅』のなかの言葉）が私に向かって近づいてくる。それは見たこともないような鉄筋コンクリートとガラスの混合物で、海峡の海岸に沿って長く連なっている。物質となった「メーオン」（プラトンの用語で「非存在」の意味）である。技術の進歩という最後の言葉、隅々まで理性で作られていて、しかも誠実さに欠けることのない生という言葉を使えばよいとはわかっている。しかし私はまだ空港で触れただけである。こんな変容はどこから来るのだろうか。それぞれはこんなに明快で快適な理性の勝利なのだが、全体の規模ではなにかかくも理解不能で、取り付く島もないのはなぜだろうか。

　列車はすばやく怪物のモザイク状の体に入っていく。すさまじい速さで遮断機や小さな通り、土管や看板、また家々の壁、そして車、電柱が林立する巨大な倉庫が通り過ぎる。窓を陸橋が太い蛇のように上がったり下がったりする。この混沌のなかに、3度展望車が見え隠れしていた。明らかに感じることができるのは、技術的な思想とこの世の塊り、電気を帯ひたように活発な生活、そして驚くべき優雅な物質性の繋がりには、不動の原理、なにか深い真実が存在することである。それは心の真実かもしれない。ただし石の心の真実である。

第2章 レビヤタン—グローバル化する日本の精神—

　私が泊まっていた岡山のホテルの17階の窓からは、町の半分が手に取るように見えた。狭い通りによって正確な正方形に区切られた空間は、個性のない建築で満ちている。広告パネル以外には目をひくものはなにもない。その派手な文字は、鉄筋コンクリートの砂漠を背景にさらにグロテスクにみせる。ずっと下のほうには、ほとんど見えない歩行者の流れがのろのろと流れている。少し離れて眼に映るものはまた同じ展望車で、何のためにあるのかわからない。しかし郊外には、絵画的な小高い丘が連なって続いている。

　通りには、半分都会半分田舎の規則正しく堅実な生活がみられる。人々は落ち着いていて親切である。仕事ぶりは誠実で効率的である。小さな料理屋の主人は、一晩中客の前で魚を見事な手さばきで扱って、まったく疲れた様子はみせない。彼を手伝う娘は、店を出る外国人に土産を渡す。

　この地域の聖なる山には、神道を改革して成立した黒住教の教会がある。そこでは太陽崇拝の祭日のために準備が行われていた。山の頂上に向かう階段に沿って、病人や障害者が登るためのエスカレーターが取り付けられている。教会を掃除していた人は、私がロシア人だとわかると熱をこめて、なにやかやとロシアのよいところを挙げた。彼の父親はロシアの捕虜収容所にいたというのである。教会のなかでは伝統的な衣装を着た奉仕者たちが、静かに真剣に翌日の祭日の準備をしていたが、彼らの宗派の基本的な習慣について親切に説明してくれた。祭壇にはこの宗派の5つの戒めを記した板があり、その内容はセクト的なものではなく、逆にきわめて開放的なものであった。それは最も日常の日本の知恵であり、誠に祈りなさい、誠に両親を敬い子供を教育しなさい、誠に仕えなさい、誠に感謝しなさい、誠に考えなさい、などなどである。「誠に」とは、明らかに周りの人々との義務的関係に配慮することを意味している。20世紀の日本で最も有名な実業家の松下幸之助が尊敬される存在となったのは、まさに彼の日本的な「誠」によってであったと言われている。伝統的な恭順の美徳の完璧な実現である。それは、魂を開けっ放しにしようとする我々ロシア人の渇望とは程遠い。

　教会の建物の裏には、名前の記されていない小さな土まんじゅうが3つ並んでいる。この宗派の創始者と彼の先祖と子孫の墓である。血縁の充溢は、こ

こでは波の動きで表わされており、あるときは下降したり、あるときは上昇したり、またあるときは水上の波の輪のように中心から散っていく。

　これらの印象を整理しよう。まず日本人の世界理解の性質について、すでに100年前にカイゼルリンク（Hermann Alexander Graf Keyserling 1880〜1946年）がこう記している。日本人は「創造者でも模倣者でもない。彼らは時機をうまく利用して、各々の表現の経験的な知識を瞬間的に理解する。そうして自分のパートナーの御蔭で優越性を獲得する。」まさにそうである。日本人で重要なことは、彼らは弟子であることである。彼らはまず熱心に中国の文化を勉強した。その後ポルトガル人から学んだのは軍事、そして宗教、さらには料理であった。第3帝国から学んだのは、自殺の特攻隊的国民性である。戦後は、アメリカから技術の進歩と経営を学んだ。今日、日本人（正確にいうなら、それぞれの日本人）のなかにある永遠の弟子は、より実践的な指針によりつつ、技術革新のあらゆる分野で地球の先頭に立とうとしている。消費社会は、新しいもの派手なものしか求めないからである。しかし日本人は、魂において弟子というだけでは足りない。彼らは素直（bona fide）な弟子である。ふつうは師を乗り越えないような弟子は悪い弟子である。しかし日本人は、いわば弟子の状態それ自体に身を捧げている。師を乗り越えても弟子に留まり、さらに先の完璧を求め、そして密かに承認を求める。

　これが日本人の心性の主な葛藤である。まず一方では、偉大なる弟子になるためには鋭い感受性、精神的な繊細さを養わねばならず、そのような性質は実際、家族のなかでの互いの心遣いと好意（「甘え」）の雰囲気を大切にする日本人の基本的な生の価値に含まれている。さらにそれと関連する女性的な徳で、それがなければ血縁関係の生の充溢もありえない（西洋では、日本人のこの比較的閉じられた側面についてはあまり知られていない）。しかし他方では、他人の知識と技術を真似る努力は鉄の意志と不屈の確信を育むのである。弟子の心理の中には、独特の不一致と奇妙な一致とがある。そこで小心な模倣者は冷酷な独裁者と折り合い、さらにはどこか別れられなくなる。どうしてこういうことになるのか、そしてその意味となると別の考察が必要であり、私のこの印象記の及ぶところではない。しかし次のことはいえる。弟子にとどまる限り、

弟子に何かを知る自由や何かができる自由はない。ましてや知らない自由はない。弟子は自分の知識を合理化し、自分の努力を実践的な効果で正当化せねばならない。教師には、そのようなことをする義務はない。すべての真の教師の信条は、東方キリスト教（正教会）の苦行者がいったように、証拠を示すことは真理を汚すということである。教師の特権は残すことであり、弟子の義務は掴むことである。

　状況を「瞬間的に理解」すること、あるいはカイゼルリングが別のところで書いているが、「学ぶ対象と有機的な関係をもつ」ためには、白紙で知ること、また知覚の源に戻り、結果において熟考を熟考し、耳でよく聞き、自由を自由にさせ、感覚を感じることなどの能力が備わっていなければならない。こういう場合、学習の目的になるのは自分の感情の固定であり、身振りの完璧な点検である。ここでの人間の自己認識の課題は、経験が与えられていることであり、存在の「動かし難い事実」である。それは「もの」においてまさに具現化されている。日本人にとって「もの」としての媒体は、観念のなかでも本源的なものでありリアルなものである。日本文化には、それ自体の「形而上学」はない。形而上学は、自立した主体がないところにはありえないのである。もっと正確にいうなら、日本人にとって第1に価値あるものは関係の物象化である。彼らにとって価値あり意味あるのは、必要な時と場所に存在する（実際は発見されるべき）「もの」なのである。このような発見は、月並みなものではありえない。「日本の世界」は、まさに洗練された珍品――「もの」の集まりにほかならない。

　日本の生の真実が「もの」の「もの」性そのもので、常に特殊で珍品のようであるとすると、それは内に自分の妨害者を含み、自分で境界を引いてしまう。そこに研ぎ澄まされた技術主義と同じように繊細な美学、また活動と観想との驚くべき統一を探す必要がある。それが実際、日本の「奇跡」なのである。昔からの夢の国、日本。永遠に手の届かない夢の国。日本人が何十世代にも渡って蟻のように根気強よく形作り、磨き上げてきた国である。その勤勉は創造されない至高の存在の静寂に由来し、それゆえに同時に本能と至福と一体になる。これが「日本の心」である。日本人にとって重要なのは、何かのため

に何かをなすということだけではなくてむしろ「何のためというのではない行動」、それぞれの面で成功をもたらすはずの行動である。日本人は世界で最も確信に満ちた、絶望的なくらい確信に満ちた完璧主義者である。非の打ちどころなくやり遂げる能力、これは絶対的な（あるいは抽象的な）完璧さであり、また完璧な意味で人間を人間にし、人間に決定的な喜びをもたらす。それに、よき仕事によって称賛されることは、さらに嬉しいことである。

　身振りを正確にすることは、完全な画一性の感覚を生む。地球に日本人ほど魂の仕上がりで団結し均質な国民はいない。日本人ほどはっきりと、国民全員がリヴァイアサンとしての国家への所属を示す国民はいない。ただし日本人は、それも彼らの「優れた弟子性」の象徴なのであるが、その言葉を「レビヤタン」とヨーロッパ人の耳にはほとんどわからない風に発音する。この巨人の肉体は実体を欠くが観念の産物ではなく、別の起源をもつ。それについては、私には「物質の本能」という言葉以上に適切な言葉は思いつかない。このレビヤタンはひっくり返されており、なにかヨーロッパ人には未知ないわばヤタン・レビ（訳者註：単語レビヤタンの前後を入れ替えた造語であり、ヘブライ語の単語のようにも見える）であり、西ヨーロッパの社会学がいう社会共同体（ソツィウム）より古く全体的である。

　欠如を示す規範性は、遊戯の印としてのみ受け入れられ、仮面にはなりえない。仮面は、現実をもっと上手にもっと効果的に真似（シミュレート）する。日本人は実際、自分のしていることを知っている。彼らが自分の夢を熱心に分節化するのは、自分の仮面を入念に真剣な気持ちを込めて磨き上げる作業にほかならない。ヨーロッパ人にとっては、サイボーグの世界の「石になった無感覚」の気配がするが、日本人にとってはもう1つの生、またその新味で魅力ある生、生のあとの生である。そして、そこには日本的な趣味はほとんどない。おそらく日本がグローバルな世界に贈った最大の贈り物であるアニメ、その創造者たちは、アニメーションの登場人物たちのその外見で、何よりもまずロシアで広く知られた「カフカスの国の人々」（訳者註：カフカスは地域の名前であって、カフカス国はない）を思い出させると言っている。なぜならそれは最良の絵で人間共通の型を表しているからである。

電気的なシミュラークラの世界は、日本の「遠い昔の伝説」に近い響きがあるのは興味深い。情報技術の幻影は、創造されないものの空虚を隠ぺいする。一方、日本人の古い礼拝は、具体的な像を世界の純粋な物質性に返す。岡山の郊外で、私は先史時代の聖地（楯築遺跡）を見た。小さなみすぼらしい御堂の周りにいくつかの謎めいた岩が立てられており、岡山の博物館にはそこから出土した、一面に装飾が彫りこまれた新石器時代の石が保存されている。その石の粒の表面には、はっきりと人間の顔が彫り出されていた。聖地も博物館の石も明らかになったのは1970年代のことである。それらは現在の日本人の知覚の一部であり、そのために精神は純粋な存在、すなわち「石の心」として人と物の両極端を含み、人を物質の元素から分けるさまざまな段階を認める。これが東洋における果てしない宗教的寛容の根源である。メディアの記号はこの点でいうと、古くからのトーテムと完全に並ぶものであることがわかる。

　日本の仮面の働きについては、軽はずみな判断は控えておこう。遊びは壊されて現実になったりせず、また現実から遊離もしなければ、社会を真に具現できる。日本では、まさに中空の人形（東洋では神像や俳優によって継承される）が伝統的に共通の分母として登場し、それは精神と物質とを、そして生きているものと死物とを同一視する。しかし日常生活においては、日本人は常に熱心に生が命ずるこの社会的役割を果たす。成長するにつれ、彼らは遊び半分を通り越す。つまり、完全に真面目になる。子供のとき、彼らは単に居心地のよい服を着る（ひょっとすると、遊びがまた子供の存在の意味を形作るのかもしれない）。学校に行くようになれば、ほとんど軍服のような制服をきっちりと着こみ、大学生になるとジーンズとジャージである。働くようになれば、定年まで白いシャツとネクタイを離さない。

　以上のことから、2つの重要な帰結が導かれる。

　まず第1に、日本人の世界観では「もの」の間の関係が第1であり、それは「もの」そのものよりも重要であること。そして第2に日本の伝統では、この絶対的な相関関係（「こつ」）、あるいは「もの」の一致と共存在性は具体的となり、民族的で特殊な形態をとる。日本人の世界図には、なにもそれ自身では存在しておらず、日本人は世界を自分を通して知るのではなく、世界を通し

て自分を知るのである。真実は日本では、「ものとの直接的な関係」もしくは「思惟されたのではない」知恵なのであり、行為の果てしない広さの「広場」であり、終わりなく複雑な「場所」であり、「場」にかなったものである。日本では、まさに「場」が人を染める。言いかえると、「場」が人の外見や作法や顔の表情までを決定する。ただ、ここで主要な役割を果たすのは相互の関係であり、あるいは、よく言われるように、行為の次元での象徴と実践の一致であり、仮想と現実の一致である。

いいかえると「自ら空となる」（既に人形について記した）全一性は、純粋な流動性や存在の活動性、つまるところ創造的な表現から離れることはない。教育は、日本では下降の直感、空の（正確には、常に空にしつつある）個性との出会い、すべてに染み透る機能性、それらを育てることに他ならない。このような覚醒は、非合理な「突然の閃き」、独特の生の内的な発見と考えてもよいかも知れない。そこではすべてが隠れるために現れる。日本人は、イルミネーションやまたたくネオンサインという幻の現象が好きである。電気仕掛けの幻影世界は、原初の心理的幻想にさかのぼる。それは日の光のなかでは消滅するもので、内省では捉えられない。日本人は生活の新しい地平に魅了されつつも、固有の極めて強い、かつ熱心に育てられるべきノスタルジーを忘れないのであり、それは驚くべきことではない。この点で日本人は、私の観察するところでは東南アジアの新興国とははっきり違っている。中国人とも違っている。日本人に同情する必要はない。日本人が伝統的象徴を大切にすることは、商品の物神崇拝という資本主義の流儀と見事に調和しているのであり、それゆえ西洋において「日本精神」のレッテルが意味なく広く流通しているのである。

現実についての象徴と機能の次元がひとつであるとの考えは、中国から日本に来たもので、極東文明の共通財産である。中国人自身は象徴的世界観の前提に忠実で、現実を決して意味の対象とはせず、ましてや考察の対象とはしなかった。そして無意識の変転、自然な言葉における意味の遊びに従った。中国の賢人たちは、老練であるが、純朴でもあるのである。彼らは常に生に満足し、比喩的にしか表せない生の純粋な内在性に生きる。知る義務もなく、ましてや何かする義務もなく、母親の胎内で生きている幸せな赤ん坊にたとえられ

る（老子の表現）。日本人は、そのまっすぐな弟子性と、すべてを技術の図式にあてはめる必要性ゆえに、この真実を理解せず、自分たちは中国の天才の達成を発展させ、もっと「効果的に」できたと言って自らの欠落を隠蔽する。実際日本の特質は、まさに生の内面の力学を分離し対象化する努力に最もはっきりと現れる。中国の象徴主義に対して、日本人は概念的で実践的な説明を与え、それを外の世界に投影した。日本の精神は、自らの土地の物質的な傾向に強く結びついている。しかし哲学の面では、「弟子の文化」は「個性」と「機能」、また「空虚」と「現れ」とを仲介する問題を解くことができず、その後継者たちは、自分の考えを合理的に根拠付けようとする弟子たちのために、微かな喜びより仏教の「突然の悟り」というはっきり非合理的な理想に頼ることになった。

　日本のスフィンクスの謎、それは、存在するためには存在してはならないことである。日本の思想の課題は、決定しない、ものを名付けない、的をはずすこと、つまり mis-name, mis-place, mis-take である。もしこのずらしがはっきりした行為にならねばならないなら、その最良の具現化は「法に従った」自殺である。しかし「法に従って死ぬ」ことは人間の力を超えている。そこにすでに聖性が求められている。

　作家三島由紀夫は、儀式的な自殺で生を終わらせたが、ことの巡りあわせで単に悲劇的というのではなく、ブラック・コメディのような自殺であった。ヨーロッパの伝記作家の1人は、その日本の激情を「失敗の貴族主義」と優美に名付けた。

　このように日本の物質性は、「もの」ではなく観念に関係する。それも思想の根底に位置するパラドクスに関係する。すべて本当にまっすぐなものは嘘である。仮面は本物の顔でなければならない。だから日本の庭は、野生の自然の非の打ちどころないイリュージョンを示さねばならず、熊手で掻き分けられた砂がまったく違ったもの、すなわち海の波を表わさねばならないのである。「隠すために見せる」この努力は、建物が花や貝殻などの自然を模した形で建てられ得る日本の現代建築のデザインにもっとはっきりと現れる。このような変容は、いわば経験的には確認できない虚無のリズムの強調点であり、日本の

生の不協和音のなかのカデンツァである。同じように演劇では仮面が仮面として登場するが、舞台のイリュージョンを強調することは逆に演技そのものがリアルであること、また日本の振る舞いの完全なわざとらしさを思い出させる。なぜなら日本の演劇は、日本の伝統の装置に応じてむしろ演劇の約束事をみせ、見えるものがまやかしであることを暴くからである。

　日本人の世界観からの興味深い帰結の1つが、日本人の意識のなかにあるさまざまな文化的コードの特別な相互補充である。つまり、彼らが喜んでヨーロッパの文明の特徴を真似れば真似るほど、ますます熱心に自らの伝統的価値と文化的形態を守るのであり、西洋化は日本人が自らを日本人と自覚するのを妨げるのではなく助けるのである。現代の大都会のみすぼらしい暮らしをしながら、現代の日本人は、昔の暮らしの特徴が日本的入念さで再現された特別な旅館に住むことを夢見る。日本語で「理解する」という意味の「わかる」という単語も「分ける」を意味する。そして今日の日本では、周辺性も虚無主義的な反抗すらも制度化されている（例えば芸術家のボヘミアン、あるいはいわゆる「フリーター」など定職のない若者の生活様式もモードとして制度化されている）。伝統的な世界や、それと相互にかかわる現実生活（西洋的生活と日本的生活）と並んで、日本ではもう1つ新しい無システムのシステムというべき壁龕(へきがん)が生じており、それは現代文明の虚無主義の特質を示している。

　謎めいた「日本の心」、日本のレビヤタン。それはつまるところ全般的な社交性と（主観と客観、精神と物質、機械と意識、イリュージョンと実際との）相互浸透の無名の体である。日本人はしばしばそれを「知識の共同創造の空間」と名付ける。そこでは、生の物質的手段と情報技術と精神的つながりが切り離せなく共存している。日本の経営の専門家が断言したように、ここでは言葉と沈黙、概念的知識と神秘的直観が同等に存在し、自由に互いに流れ込んでいる。しかしまだ誰もどういう風にかは説明できていない。それは奇妙なことではなく、存在することによって分離せねばならない2つの観念の一致を説明するのは不可能なのである。このあらゆる動きを含む高密度の多数の単独の空間において、何が旋回しているのだろうか。それは、三島由紀夫の観念的な自殺と同様、完成させようとしても、その都度不成功に終わることになる完全さ

において何か達成できないものである。この現実は消費者に最も求められる商品であり、それゆえ無限に複製される。しかし実現されることはない。それが表象するもので充分なのである。

　レビヤタンは犠牲を要求する。それはイギリス人がダブル・バインドと呼ぶ何か心理学的な行き止まりの直感をうみだしている。その分離によって生じた対立の一致をまさにレビヤタンは確立する。この困難を日本人は部分的に、いわば言語学的な手段によってうまく処理している。日本語の単語は、そして特に日本語の文章は、意味の承認と否認、またあらゆる感情的ニュアンスが文末にまわされて、最終的な回答がいつも後に延ばされ、そして結局多くの但し書きと譲歩の型や礼儀正しい形式のなかでほとんどわからなくなる。日本人自身にとっても、彼らの関係のこの特徴は、おそらく魅力的な「中道」、無性格の生、礼儀正しい理想の例にみえる。しかし同様の根拠で、ダブル・バインドの状況はノイローゼを孕み、日本人の性格に特徴的で異常な心理的緊張を引き起こす原因となりうる。言語での処理は一時凌ぎの薬でしかない。

　自分になるためには自分でない必要があり、そのどちらであってもならない。打開策は、根拠や目的のない暴力のような一撃であり、その暴力もまたコントロールの下におかれねばならない。死は支配できるか。それは最も実現困難な夢である。

　京都の祇園界隈には、いまなお最後の流派の芸者、つまり自分の生活そのものを芸術としてきた職人が生きている。「芸者」という単語にそれが女性であることを示す意味はない。芸者はまた日本の象徴の原型でもある。一生学ぶことは女性の特徴ではないのにもかかわらず、彼女らは幼いときから「芸の家」に入り、そこに老人になるまでとどまる。家族ももたず、財産ももたず、名ももたない。もつのは芸人としての偽名であり、優雅な女性むきの小さな名刺に記されている（しかしそれはあまりに事務的で女性らしくない方法である）。うつろなまるで何も見ていないかのような眼差し、こわばった顔、張りつめた姿勢、ぎこちない人形のような動き、頬には生気のない白い米粉、唇と瞼には真っ赤な油（ポマード）。芸者の見かけには何ら無意識なもの、それゆえ無作法なものは何もない。

芸者は人形であり玩具であり、抑圧された（殺された）生活を描き出す。それゆえ男たちの死への意志を映し出す鏡である。芸者の生気のない冷たい見かけは、彼女の生からあらゆる手段で奪われたもの、つまり精神の力、感情の熱を与える。この世界のすべてはそれ自身で評価されるだけでなく、まったく別もので評価されるのである。

　まるで昨日のことのように、眼を閉じれば見える。日本のリュートである三味線と板木の切れ切れの音に合わせて、人形のような姿が回転し、形容し難い喜びの祈りで膝まずく。咲く前に散っていく春のサクラについての昔からの歌が聞こえる。叶わなかった甘美な恋についての永遠の歌である。

　生は、破局によってさきに進む。日本人は、自らの根源的な幻想、どんな幻想よりも比類なく深く強い幻想のなかで、自由意思で死んでいく。それはたぶん…意思によらないで生きるためである。

[翻訳　鐸木道剛]

注
1)　なぜなら、とコジェーヴは書いている。現代のすべての民族のなかで、日本人だけがいまなお「無目的の否定（negativité gratuite）」、つまりあらゆるものを否定、人生をも否定、それも理由なしに否定できる民族である。コジェーヴは、ロシア人であったにもかかわらず、ロシア人もそうであると書くのを忘れてしまっている。

第3章 「不可視の秘仏」と「可視のイコン」
── 近代の物質観の淵源 ──

鐸木道剛

1. 秘　　仏

　近年、各地で秘仏の公開が目立つ。やはり「仏像ブーム」なのかもしれない。この秘仏そして一般に仏像ブームは、何を意味しているのだろうか。和辻哲郎の『古寺巡礼』(1919年)や亀井勝一郎の『大和古寺風物誌』(1953年)などを持っての見学旅行は昔からあったが、近年の若者の間にも広がる仏像ブームは教養主義ではない。源泉は与謝野晶子の「鎌倉や御仏なれど釈迦牟尼は美男におはす夏木立かな」(『恋衣』1905年)との短歌、あるいは和辻に見られる造形的で美的な観賞にさかのぼるかも知れないとしても、昨今のほとんどミーハー的にすらみえるブームの先駆けは、いとうせいこうとみうらじゅん共著の『見仏記』(中央公論社、1993年。その後、角川書店から続刊が刊行)の出版であったろう。

　この傾向はポストモダンおけるプレモダンへの回帰なのか、それともすでに死に絶えたプレモダンが今度は遊びとして復活しているのであろうか。後者であるとすると、ちょうどパノフスキーが、イタリア・ルネサンスにおける古代の復興を古代が死に絶えた故の復活であると喝破したように[1]、これは近代化の証なのであろうか。また驚くべきことだが、和辻哲郎が、パノフスキー以前に、(和辻のことであるから、敏感に当時の西洋の思潮からヒントを得たのであろうが)西洋の古典古代の偶像は死に、美的対象として復活すると書いたように[2]、日本の仏像も美術として復活してブームとなっているのだろうか。そういう側面もあるだろう。日ごろは興福寺の宝物館で正面しか見えない阿修羅像が国立博物館のガラスケースのなかに入れて周囲四方から見ることができ

る。阿修羅像のフィギュアが売り切れる。しかしこういうことに抵抗を感じる人もいる。博物館の展示であるのに、そのガラスケースの前で長い時間合掌する人もいる。むしろ昨今の仏像ブームは信仰の復活にも見える。ならば、それはプレモダンへの回帰なのであろうか。

　仏像ブームはもちろん、仏像を見ることである。それに合わせるかのように、秘匿されていた秘仏がぞくぞく公開されている。まず秘仏について考える。秘仏はなぜ秘匿されるのか。そして公開（開帳）されるのか。

　昨年秋の青蓮院門跡における『青不動明王』の公開に際しての寺の説明は次のようであった。「今、時代は政治も経済も共に混迷を極め、また道徳心は荒廃しさまざまな事件が後を絶ちません。この混迷の時代に、青不動の強いお力により、世の中を少しでも良い方向、真に豊かな社会に導いていただきたいと考え、このたび、ご開帳を行うことにいたしました」。この動機はいかにも宗教的で信者むきである。しかし秘匿されることによって好奇心を刺激し、公開に際しての興奮を高めるなどという説明もしばしばなされる。これは心理学的説明なのではあろうが、意地悪な説明だけではなく、あまりに安直である。秘仏の秘匿に際してはもっと別の理由があるはずである。

　秘仏の存在についてはいくつかの解明の試みがなされている。しかし決定的な答えはない。例えば2009年秋の雑誌の秘仏の特集記事のなかで、伊東史朗も「なぜ日本で秘仏が多く見られるのか。残念ながら、その答えはまだ明らかになっていないようだ」と記す[3]。

　しかし藤澤隆子は、歴史的に考察しつつも「本質的な事柄について考察する」として、ある程度の答えを出そうとしている。藤澤はまず、秘仏は歴史的に形成されたものであり、言葉としての用例は江戸時代になってからであるが、9世紀末にはすでに秘仏が成立していたとする。秘仏として最も多いのは観音菩薩であり、なかでも初期密教の尊格である十一面観音菩薩が圧倒的で、ほかに弁天神、吉祥天などの天部があるとし、秘仏には初期密教の「現成利益を目的とする呪術性」があるとする。「修行者は単に像前で呪を唱えるのみではなく、十一面観音像と即物的な繋がりをもち、あるいは十一面観音は生けるが如く音声を発する」のであり、「修法の本尊として意味がある」のであって、

「期待されているのは修法の結果として現世利益を得ることである」とし、秘仏は霊験あらたかな霊像であることを指摘し、神仏習合による神観念の影響をいう。「日本の神は本来姿をみせない。降臨の場を設定しお祀りするのである。これと同様に常にお姿をみせなくとも、霊験があればそれでよいのだ。そして「形姿は霊験とは本質的な関係はない。霊験とは語られるものなのだ」[4]と藤澤は記す。

　ここに秘仏の重要なポイントが指摘されていると思われる。つまり秘仏は「生けるが如く音声を発する」、近代人であるから「生けるが如く」とするしかないが、当事者にとっては「生きている」。そして「形姿」は重要でない。「生きているから」、「形姿」は重要でない。何故であろうか。生きているということは意識があるということである。意識があるものは見えない、あるいは見るべきではないのである。それゆえ「形姿」はどうでもよい。祈る対象は生きており、その形は見えない。かつて亀井勝一郎は、「仏像は彫刻ではない。仏像は仏である。」「それに通じるためには我々もまた先祖のごとく、伏して祈る以外ないであろう」と記していた[5]。「伏して祈る」、つまり見ないのである。亀井は仏像一般について記したのであるが、秘仏こそ見えない「ほとけ」そのものである。

2. 意識ある生きている仏像

　個人的な体験を記そう。ロシア人のビザンティン美術の研究者が2008年の春、日本に2か月滞在したことがあった。彼は写真を撮りたがった。美術館の展示品に対しても制止されない限り写真を撮ろうとした。ロシアという遠方から来て、研究資料として必要であったのだろうが、伊勢神宮の拝殿においても、また善光寺の本堂のなかでも内陣に向かって写真を撮ろうとした。いずれも警備員にすぐさま制止されたが、彼には聖なるものを写真にとることに抵抗はないようであった。確かに西欧で写真撮影が禁止されるのは、ストロボの過度な光に晒さないため、またトルコなどではもっと現実的に、観光客が写真を撮ってしまうと絵葉書が売れなくなることが理由である場合もある。しかしそ

の研究者は、聖なる空間はいかに形成されているか、つまりいかに「もの」から作られているかというテーマで研究を続けている学者である。彼は聖なるものも「もの」から作られているのだから撮影可能と考えている（と筆者は解釈する）。それが近代的姿勢であり、聖なるものを写真撮影することに抵抗を感じるほうが前近代なのであろう。聖なるものは見えないという感受性は、サン＝テグジュペリ（1900〜1944年）の有名な1節「かんじんなことは、目に見えないんだよ（Ce qui est important, ça ne se voit pas）」[6]からしても、キリスト教世界でも最近はとりわけあるだろう。ロシアは特にビザンティンに由来する合理的教義が、再び神秘化されたところであるから、見えない神性については西欧よりも親しいはずである。

　聖なるものは見えないとは我々には親しい感受性である。山本陽子は、神々と天皇および貴人を描くことへのはばかりについて絵巻物、特に『春日権現験記絵』を中心に詳しく考察している。しかし特に顔を描かない理由については、「古代、日本の神は形をもたなかった」[7]こと、そして「その意識は、仏教の影響によって礼拝の対象としての僧形神像や本地仏像、俗人の姿をした垂迹神像や垂迹曼荼羅が作られるようになった中世においても、完全に消滅したわけではない。神をあからさまに描いてはならないという禁忌は、この当時には、礼拝像よりもむしろ説話画の神社縁起絵巻に残存していたふしがある」[8]と記す。礼拝像は、それ自体が秘匿できるから描いているのであり、絵巻におけるとの違いはそこに由来するが、しかし山本は描かれない理由にそれ以上の考察を加えることはない。

　秘仏、さらには仏像については近年、欧米の研究者が根源的な考察を加えている。宗教学者のベルナルド・フォールは、早くも1991年の『直接性のレトリック──禅仏教の文化批判』という著作のなかで、禅宗の師の頂相や仏教のイコンをダブル（double）あるいはシミュラクラ（simulacra）として、それらは本物そっくりではなくて、本物なのであり、生きていると記している[9]。そして頂相やミイラまた秘仏のように聖域の奥深くに秘蔵されるものについて言及し、見えないものを見えるようにする仏像は増産され視覚にさらされるのに対して、前者を、神々の見えない体（あるいはダブル）と記している[10]。

第3章 「不可視の秘仏」と「可視のイコン」―近代の物質観の淵源―

　善光寺の絶対秘仏である阿弥陀三尊についてモノグラフを著したドナルド・マッカラムは、善光寺の阿弥陀三尊は、礼拝の対象として単なる「像（イメージ）」ではないのでまずそれを「イコン」と呼び、それが同時に神の表象であり、象徴であり、また神自身であって生きていることを指摘する。そして生きているイコンを礼拝したいという気持ちは人間の心理に深く根差しているのであるが、それを生きているとするかどうかは個々人によってもまたその時々によっても変わると記す[11]。つまり、ときによっては「もの」ともなり、またときによっては生きているとみなされることもあるということである。

　ロバート・シャーフは、「日本の仏像はしばしば魔除け的救済の働きをもつ生きた存在とみなされるもの」である[12]と記す。とするとそれは西欧のキリスト教の宣教師たちが呼んだアイドルということになる。しかしシャーフは、アイドルという言葉が持つ軽蔑的な意味を離れて考察する[13]。つまり「アイドルとは意識を持っていると思えるものである。しかし意識の現象は科学的な考察の対象になるかどうかについての合意はまだない。崇拝しているのがアイドルであるかどうかは、ただそれを見る人の目によって決定される」[14]と記す。

　それを受けてファビオ・ランベッリは、ベルナルド・フォールの「仏教のイコンの存在論的意味は、象徴や図像の意味研究や形態研究では解明できない。そのイコンの効果や機能を把握することが重要である」との指摘をも踏まえて、仏像はそれが表わすものの存在を分有するイコンであり、像と像が表わすもの（つまり、像とそのモデル）との間に区別はないとする[15]。

　いずれも単なるイメージではないので「イコン」という言葉を使っているのであるが、それについてはビザンティン時代の用法とは齟齬があることを後に記すが、ともかく仏像は「もの」として扱われることもあるが、生きていると扱われることもあると指摘している。ランベッリは、「芸術的価値」を評価する専門家である学芸員ですら身体を清め、白いマスクをして秘仏に対していることから、彼らも少なくとも形式的には秘仏に聖なるイコンとしての礼拝価値を認めているとしている。

　しかしマッカラムが言うにしろ、シャーフが言うにしろ、またランベッリ

が言うにしろ、「もの」が人によって、またときによって生きていたり生きていなかったりするのでは、それは学問の対象にならない。宗教の社会学的研究方法はここに発するのであり、エミール・デュルケムが言うように、「もっとも野蛮または無稽な儀礼も、もっとも奇異な神話も、人間の何かの欲求、個人的または社会的生活の何かの一面を表現して」[16]おり、その方法論が依って立っているのは、旧約の偶像否定である。「もの」が生きているなどということはまったくあり得ないというエクソダス(「出エジプト」、つまりエジプト否定)以来の欧米のユダヤ・キリスト教の前提がある。『古代ユダヤ教』を著したマックス・ヴェーバーは、旧約聖書の偶像否定の社会学的背景は、「魔術の否定」であり、「狂躁道的恍惚道に対して繰り返しおこなわれた闘争」であると記し、ユダヤの神ヤハウェを完全に合理的に行動する神とする[17]のであり、魔術は非合理であり、偽であり思い込みであり、非合理な魔術については、それを生んだ状況を解明するほかなくなる。

　しかしここで考えるべきなのは、「生きているもの」つまりシャーフが記す「意識をもつもの」が不可視であること、あるいは見ることをはばかることの理由である。

　見ることについては、マルチン・ブーバー(1878～1965年)は、外見に対する「見る(sehen)」と、外見ではなく存在に対する「視る(schauen)」を区別し[18]、それはジャック・ラカン(1901～1981年)のいう「眼(eye)」と「眼差し(gaze)」の区別[19]にそれぞれ対応するとしてよいだろう。このブーバーの「見」とラカンの「眼」は現実世界の「もの」に対しての言葉であり、それに対してブーバーの「視」とラカンの「眼差し」こそ、主体と客体が入れ替わり「見る」主体が見られることを含んでおり、つまり意識のある主体にとっての意識のない「もの」ではなく、生きている「もの」に対する姿勢を示す。つまり後者は、前者の意味では「見ない」ことも意味するはずである[20]。

　また、「見ることは所有することである(What the eye sees it appropriates)」とは、5世紀の聖シュヌートの言葉として伝えられてきた5世紀もしくは6世紀のコプトの説教者の言葉である。それは教会に出かける女たちへの忠告であ

るという[21]が、重要なのは、見ることは相手を「もの」として所有するということである。意識あるものは所有の対象ではないのであり、意識ある人を所有することは、その意識ある人に対して失礼な行為である。所有できるのは、意識のない単なる「もの」だけである。美人コンテストを女性が非難する理由も、女性を「もの」扱いすると考えるからである。ただしなんといっても人間は被造物であり、意識を与えられているとはいえ「もの」でもあるのだから、自ら自分を「もの」として展示することは自由にできる。与えられた意識を取り去って、自ら「もの」となること、すなわち神の被造物になることは快感でもある。荒野の聖アントニウスが「物質になりたいのだ（J'ai envie de…être la matière!）」と叫んだように[22]。

つまり秘仏が秘匿されるのは、それが「生きている」からである。生きている、すなわち意識がある。意識あるものは見世物ではない。意識あるものは所有の対象ではないのである。写真を撮られることを所有されることと考えて拒絶するのは、写真に対する原始的拒否の姿勢であるが、それは自然な感受性によっているのである。

この自然な感受性を否定して、被造物は「もの」であり意識がないとしたのが旧約思想であり、伝説的には紀元前1250年頃のモーセである。「もの」には意識がない、すなわち霊がない、命がない。旧約思想のいわゆる偶像崇拝の否定とはそのことであった。

3.「もの」の命の否定、さらには受肉による「もの」の聖化

旧約聖書が偶像を否定したのは、「もの」に命があると感じてしまい、拝んでしまう本能を知っていたからである。だから「上は天にあり、下は地にあり、また地の下の水のなかにある。いかなるものの形も造ってはならない」（『出エジプト記』第20章4節）のである。造れば必ずそこに命を感じとり、拝んでしまう。そして口をきわめて、「もの」を「命のないもの」、「魂のないもの」、「魂の欠けた、命のない肖像」とののしり、「もの」が生きているとの感受性を否定する（『伝道の書』第13、14、15章）。

しかし新約は、受肉をいう。「言は肉となって、わたしたちの間に宿られた」（『ヨハネによる福音書』第1章14節）。神は人として見えるようになった。キリスト教は、聖なるものは見ることができるとする世界でも稀な宗教なのである。

　再び個人的な経験を記すが、筆者は1975年にヴァティカンでの復活日の礼拝に参加したことがあった。驚いたことは、そこで聖変化、つまりパンがキリストの体に変わる瞬間を皆が待っていて、教皇（そのときはパウロ6世）がパンを両手で持って挙げたとき、周囲から一斉にストロボが焚かれたことである。待ち構えていた人々が一斉に写真を撮ったのである。神は眼にみえる、聖なるものは眼に見えるということがキリスト教の最も重要な教義であることにそのとき気付かされた。聖体つまりキリストの体を崇拝することは13世紀に始まり、聖体は聖体顕示台（モンストランス、あるいはラテン語でオステンソリウム）という容器に入れられて展示されるのである（図3-1）。「モンストランス（monstrance）」も「オステンソリウム（ostensorium）」も、「モストラーレ（mostrare）」あるいは「オステンデレ（ostendere）」、すなわち「見せる」の名詞形であり、現代のイタリア語では展覧会のことを「モストラ（mostra）」ということを考え合わせてもわかるように、展覧会という近代の制度はキリスト教の物質観を踏まえているのである。

　聖なるものは眼に見えるという特異な思想がキリスト教にある。イコンはそれゆえに成立している。神の受肉はまた「もの」の聖化を伴っており、それが西欧の近代の物質観に至っているのである。キリスト教の物質観こそ近代の荒廃の元凶と考える人も多いであろうが、その原点である教義（ドグマ）に立ち返ってみればどうであろうか。

　キリスト教の教義はビザンティン帝国における公会議において議論され、定められた。第4回のカルケドンでの公会議（451年）で初めて「キリストが神であり、なおかつ人である」というテーゼが提出されたが、その後も議論は続き、最終的に第7回の第2ニケア公会議（787年）で神人であるキリスト論が決着し、それとともにイコンが成立したことはよく知られている。人であるから肖像画が可能となるのであり、キリストは同時に神でもあるから、神が描け

第 3 章 「不可視の秘仏」と「可視のイコン」―近代の物質観の淵源― 41

ることになる。これがイコンの弁証に他ならない。

受肉によるイコンの弁証はまた、物質の神化を伴っている。受肉と神化は、ビザンティンのキリスト教の、そしてロシアのキリスト教の最も重要な教義にほかならない。2 世紀のエイレナイオス（Eirenaios 130 頃～200 年）に「我らの主イエス・キリストは、その超越的な愛によって、我らと同じものとなった。それは彼が我らを彼自身であるところに引き上げるためである」（『異教徒駁論』Adversus Haereses, V, praef.）[23] とのテキストがあり、また 4 世紀のアタナシオス（Athanasius Alexandrinus, 296 頃～373 年）にも「この方（言）が人となった〈ἐνανθρώπησις〉のは、我々を神とする〈θεοποίησις〉ためである」（『言の受肉』54:3）[24] とある。しかしそもそもの発端は、新約聖書の『ペテロ第 2 の手紙』の「（主イエスの栄光と力ある業による約束は）あなたがたが…神の性質を共有するようになるためである（ἵνα…γένησθε θείας κοινωνοὶ φύσεως）」（1 章 4 節）という一節である。

そして 8 世紀のイコン論の完成に最も大きな役割を果たしたヨアンネス・ダマスケノス（Johannes Damascenus 680 頃～749 年）は次のように記す。「その神性を弱めず被造物となった神は我々の性質を高め、

図 3-1　聖体顕示台（monstrance）71cm　1490 年頃　聖コスマス・ダミアン聖堂　リースボルン（Liesborn）
出所：Géza Jászai (hrsg.) (1993), *Imagination des Unsichtbaren*, Westfälisches Landesmuseum Münster, 513 より転載

神の神性に与らせてくれる」(『画像論』第1巻第4章)。また「(受肉によって) 彼は我々の肉体を聖なるものとした。神が肉体となることによって我々を聖化した」(同第21章)。「あなたがた(イコン否定論者)が卑しいとみなしている物質の価値のあること！」(同第16章)[25] とも記している。

　神が人となることによって、人が神になる。あるいは神が人となることによって、人が神の性質に与る。つまり受肉(神の無化：ケノーシス)による人間と物質の神化(テオーシス)ないし聖化である。近代のキリスト教の最も重要な改革者のマルティン・ルターの『キリスト者の自由』は、この上から下へ、また下から上へのパラドクシカルな運動の消息を、神と人との「喜ばしき交換(fröhliche Wechsel)」と呼んでいる[26]。

　このパラドクスは、なぜか感動的である。仏教においても禅の考案にこの種のパラドクスは多いだろう。またマルティン・ルターが同じ『キリスト者の自由』で語っているのも、自由と奴隷のパラドクスである。バッハの受難曲のテキストでも、ゲッセマネの園で弟子たちが眠ってしまったことを語ったのち、「キリストの許で眼を覚ましていよう、そうすれば罪が眠るから(Ich will bei meinem Jesu wachen, so schlafen unsre Sünden ein)」と歌うアリア(『マタイ受難曲』第26曲)が続く[27]。「眼を覚ます」と「罪が眠る」との対句である。しかしこういう言い回しがいかに感動的であっても、根拠がなければいつも感動的であるとは限らない。ふとした拍子に感動もなく、それゆえその運動が納得できない事態が到来する可能性がある。

　神の受肉(物質化であり、無化である)による、人間および物質全体の神化とはいったいどういうことなのだろうか。そしてそれには、どういう根拠があるのだろうか。

　物質の神化については、聖地研究のジョージア・フランクによると、アレクサンドリアのキュリロス(370頃〜444年)が、聖地と聖遺物崇拝の成立の初めに、神の受肉が物質世界に及ぶとして物質世界に根拠を与えた重要な教父の1人であるという[28]。キーティングもまた、神化(テオーシス)はしばしば、アレクサンドリアのキリロスの名と最も結び付けられてきたと書いている[29]。キーティングは、アレクサンドリアのキリロスが、ほかの教父より

もしばしば、上述の『ペテロ第2の手紙』に記されている「(主イエスの栄光と力ある業による約束は)あなたがたが…神の性質を共有するようになるためである」(1章4節)との一節を引用していることを指摘するのであるが、それにも関らず、キリロスはこの一節については釈義をほとんどしていないとキーティングは書いている[30]。

　7世紀の証聖者マクシモスは、谷隆一郎によると、受肉から神化へのプロセスは「恵み」ゆえであるとする。すなわち「全体として人間が、〈人間のうちに受肉した神〉の恵みによって神化せしめられるためである。すなわち人間が、自然・本性によっては魂と身体に即して全体として人間に留まり、しかも他方、恵みによっては魂と身体に即して全体として、神が現成するためである」『難問集』[31]。それに加えて谷は、「受肉と神化という二つの事柄は、内的にいかなる仕方で関連しているのか」と問い、次のように続ける。「そのことの内実を明らかにするためには、受肉なら受肉という教理の語り出された、いわばその誕生の場そのものが注視されなければなるまい。それは─中略─使徒たちや彼らに連なる人々の身に生じた根源的出会いの経験にほかならない。」[32] つまりその恵みの働きの実際は、「キリストに出会った使徒たちの経験」[33] であったと解釈している。

　もうすこし具体的にこの受肉から神化へのプロセスは説明できないだろうか。神の肖像であるイコンが可能となったことこそ、物質の聖化ではないのだろうか。

　すなわち受肉、つまり神キリストが完全な人となったということ、つまりキリストははっきり眼に見えた存在となったということである。それゆえキリストの肖像が可能であるというのがヨハンネス・ダマスケノスによるイコン論の論理であった。さらに肖像画が可能であるキリストは神なのであるから、キリストの肖像が可能になったということは、神の肖像が可能になったということである。『ヨハネの福音書』にいう「わたしを見たものは、父を見たのだ」(14章19節)、つまり眼の前の木や象牙などの朽ちていく空しい「もの」で神を表している事態が生じていることになる。受肉によって「もの」が神を映すことができるようになった。この事態こそが「もの」の神化にほかならない。

イコンが可能であるということは、とりもなおさず受肉によって、すなわちキリストを介して神の世界と「もの」の世界が繋がったということなのである。これが「喜ばしき知らせ」であり、「もの」つまり物質世界の神化にほかならない。

　もちろん物質が神になるわけではない。その物質と神との関係は、451年のカルケドンの公会議の決定文のなかにはっきりと示されている。イエス・キリストにおける神と人との関係を記しているのであるが、それは神と人と同じ被造物である「もの」一般との関係に敷衍できる。すなわち「イエス・キリストは神として完全であり、人として完全である。キリストは神と同一存在であり、また人である我々とも同一存在である。このふたつの本性は、混ぜ合わされることなく（$\dot{α}συγχύτως$）、変化することなく（$\dot{α}τρέπτως$）、分割されることなく（$\dot{α}διαιρέτως$）、引き離されることなく（$\dot{α}χωρίστως$）ひとつとなっている。その際、二つの本性の差異が取り去られるのではなく、むしろ、おのおのの本性の特質は、保持される」[34]。

　朽ちていく空しい「もの」がそういう性質にもかかわらず、受肉ゆえに永遠を映すことができる。神と物質とのこの関係こそ物質の聖化の意味であり、8世紀の総主教ゲルマノス Germanos（733歿、715-730：総主教）が『典礼論』に記すように、聖堂は「地上の天国（$\dot{ε}πίγειος\ ο\dot{υ}ρανός$）」なのであり、「もの」でしかない地上の建築物を「天国」と言うことができる根拠は神の物質化なのであった[35]。そしてこの定義は、さらに芸術の定義に他ならない。「もの」は生きていず対象を映すに過ぎない、つまりモデルとコピーとが存在論的に異なるとは表象の定義でもあるだろう。

　このような物質観が、イコン論によって確立された。「もの」は旧約がいうように命はなく、しかし新約が定めるように受肉ゆえに神に通じているのである。

4. 奇跡のイコン

　しかし、新約によって成立したイコンが旧約によって「もの」にとどまるといっても、イコンが生きている例はたくさんあるではないかと考える人も多いだろう。奇跡のイコンの存在である。数多く存在する涙を流したり、病気を癒したりする、いわゆる奇跡のイコンはどのように解釈すればよいであろうか。イコンがあるいはイコンに描かれたマリアが涙を流すということは、イコン、あるいは描かれたマリアは生きている、また意識をもっていると考えることではないのだろうか。それは旧約での啓示とは矛盾することではないのだろうか。具体的な例を挙げよう。日本の正教会においてイコンの奇跡の例は報告されていない。しかし、山下りんの影響を受けた画家の描いた宗教画に奇跡の例がある。

　日本のイコン画家であった山下りん（1857～1939年）に続く日本のイコン画家であった牧島如鳩（1892～1975年）は、仏画も描いたことで知られる。その仏画は純粋な仏画ではなくキリスト教との融合を踏まえたもので、天使や聖母マリアが描きこまれたりもする。その仏画のうち2枚が「生きている」のである[36]。

　牧島如鳩の描く観音様は「生きている」。彼の描くすべての観音様ではない。絵が音をたてるのである。1999年と2008年から2009年にかけて2度「牧島如鳩」展を企画し実行した足利美術館の江尻潔氏によると、音をたてる観音様は「龍ヶ澤大辦財天像」（1951年）図3-2と「大自在千手観世音菩薩」（1964年）図3-3の2点である。その2つの絵は、ときどきピシピシッあるいはミシミシッと音を立てる。絵の具が乾いているような音でもない。牧島の描いた油彩画は他にもたくさんあるが、他の絵は音をたてない。しかし、それらもいつも音を立てるわけではないというが、筆者は展覧会場で確かに一度ならず音を聞いた。山下りんの描いたイコンにも、1880年にウクライナで奇跡を起こして有名になったものがある。ウクライナのその地名から「コゼリシチナの聖母」と通称されている聖母子のイコンで、山下りんはロシアの石版画のイコンから模写をしている。3枚あって、釧路、札幌、そして柳井原（岡山県）にあ

図3-2 牧島如鳩（1892-1975年）『龍々澤大弁才天像』1951年　カンヴァスに油彩、97.0×132.5cm、個人蔵

図3-3 牧島如鳩（1892-1975年）『大自在千手観音菩薩』1964年、カンヴァスに油彩、193.0×129.8cm、願行寺（東京都文京区）

る[37]。イコンはそのイコンの奇跡にあやかって模写されるのであるが、それらの山下りんが描いたイコンが奇跡を起こしたということはない。そもそも1858年以来の日本の正教会でイコンの奇跡の事例は報告されていないという（仙台の辻永昇主教の談）。少なくとも表立った形では起こっていない。

　絵が生きている。これは牧島が育ったロシア正教会のイコンにおいてたくさんの例がある話である。ロシアでは「奇跡のイコン」は現在でも報告され、信仰を集めている。ロシアの中世美術史研究の中心的な研究者であるアレクセイ・リドフ氏は、1991年に奇跡のイコンについ

ての国際シンポジウムを開催し、1996年にはその成果として『ビザンティンと中世ロシアにおける奇跡のイコン』という論文集を編集出版した[38]。また同じプロジェクトの一環として、1999年に『トレチャコフ美術館所蔵の奇跡の聖母イコン』を出版している[39]。それは美術史研究の新しい傾向を示すもので、従来のカテゴリーでは研究対象になっていなかった「奇跡のイコン」について、時代や美的判断とはかかわりなく記録を集成する試みである。奇跡のイコンは特に16世紀から17世紀のロシアで盛んとなり、19世紀においては、西欧カトリックの図像のイコンもまた奇跡のイコンとなったのである。

　西欧のプロテスタンティズムに奇跡譚がないのは、それが16世紀以降の合理化された近代のキリスト教であるからである。神中心ではなく人間中心（ヒューマニズム）であり、近代は神（神秘）と人間（現実世界）を切り離した。現実世界に神秘はないのであり、現実世界は現実世界のなかで説明できる。だから現実世界を合理的に解釈する科学が成立する。現実は物理法則に従って動くのであり、病気は祈りましてや呪術ではなく科学的な医学によって治療される。絵は「もの」でしかなく、人物を描いた絵がいくら本物そっくりでも、「まるで」生きている、あるいは「あたかも」生きているのでしかない。それをまともに「生きている」と主張したりすると、社会生活はなかなかに難しくなる。だから生きている絵の話は、物語のなかでのみ楽しまれるにすぎない。人形が生きているとするE. T. A. ホフマンの『砂男』（1815年）や、それをバレエにしたドリーブ作曲の『コッペリア』（1870年）、またオスカー・ワイルドの『ドリアン・グレイの肖像』（1891年）などである。映画化されたハリー・ポッターのシリーズ（1997〜2007年）においても、ホグワーツ魔法学校の階段の間に掲げられている絵は生きていて、描かれた人物が絵のなかで動いていたり、描かれた人物が絵のなかから語りかけたりしていた。

　これらのイコンは実際、生きている。とすると新約どころか旧約に反するのではないかとの疑問が生ずる。しかし、一見魔術的で生きている「奇跡のイコン」は次のように解釈できる。イコンの奇跡、例えば聖母のイコンが涙を流すのは、イコンあるいは聖母が泣いているのではない。奇跡を起こすのは神なのであって、神によって「もの」である聖母のイコンが涙を流しているのであ

る。これももちろん常識ではありえない、だから奇跡に値する。しかしこう解釈することによって、旧約聖書の物質観もビザンティンのイコン論も破棄されることなく、有効なまま奇跡のイコンが説明できよう。

「もの」は生きていない。イコンは、そのことが確信できて初めて可能となった。しかしジクムント・フロイトのように「まだこれらの新しい確信についてわれわれが完全に自信があるわけではない」と書く[40]のは、「出エジプト（エクソダス）」の原点に帰っての発言である。ユダヤ教徒は、そしてさらにキリスト教徒は、像が生きていることを否定してすでに3000年は経つ。そして新しい確信を確実にしたからこそ、今度は本能的な子供の感受性を遊ぶことができるのである。シュルレアリスム以前の例として、ドン・ファン伝説がある。

5.『ドン・ジョヴァンニ』

旧約と新約以降の世界であるから、「もの」は生きていない。だから物語でしかあり得ないが、石像が生きているかどうかがポイントである作品がある。ドン・ファンあるいはドン・ジョヴァンニ伝説で、モリエールの戯曲では副題が「石像の宴（le Festin de pierre）」であり、生きているはずのない石像がドン・ファンの宴にやってきて、悔い改めよと回心を強いる[41]。ロレンツォ・ダ・ポンテ台本モーツアルト作曲のオペラ『ドン・ジョヴァンニ』（1787年初演）では、石像を生きていると怖れるレポレッロと、最後まで石像は石像であって生きているなんてありえないと否定するドン・ジョヴァンニの対比であり、これは偶像崇拝者とユダヤ・キリスト教徒の対比である。2006年、チューリヒのオペラハウスでのベヒトルフ演出・ヴェルザー・メスト指揮の『ドン・ジョヴァンニ』の上演は、まさにこの対比を浮き彫りにする演出であった。サイモン・キーンリサイドの演ずるドン・ジョヴァンニは騎士長の石像（アフリカの神像を使っている）を前にして、レポレッロが、このように石像が頭を動かして招待に同意したぞと言って恐怖におののいても、首を横に振ってそんなことはないと否定する（第2幕12場）。石像がドン・ジョヴァンニの晩餐に招かれてきて、ドン・ジョヴァンニに悔い改めよと最後の忠告を

長々と語る場面でも、ドン・ジョヴァンニは石像に顔を近づけ、こいつ本当にしゃべっているのか、それとも何か仕掛けがあるんじゃないかという調子で、耳をそばだてたりもする。最後に石像が手を出せというので、ドン・ジョヴァンニは自分は何も怖くないと、石像の言うとおり手を差し出すと、その手が石像から離れず、ドン・ジョヴァンニは石像に引っ張られて地獄に落ちていくのであるが、そこはすべてドン・ジョヴァンニの心のなかでの事件としている。舞台には地獄の火もなく、ドン・ジョヴァンニが地底に引きずり込まれることもなく、彼はその場でのたうち回って死んでいく（第2幕16場）。映像として残るモーツアルトの『ドン・ジョヴァンニ』の演出としては、1954年のザルツブルグにおけるフルトヴェングラー指揮の上演が伝統的でいわば古典的であるが、それに次いでこのベヒトルフの演出は見事な解釈でサルツブルグの記録のほかに見るに値する上演である。

　石像は生きていない、それが生きていると思うのはそう思うからでしかない。石像を生きていると思わなければ石像は生きていない。だから石像は生きていないと思え、この世に神に対する以外に畏怖すべきものはない、というのが旧約の啓示である。

　1815年のE. T. A. ホフマン作の『砂男』で、人形のオリンピアを生きていると思い込む大学生ナタナエルに恋人のクララはこう言う。「あなたが口になさっている怖ろしいことというのは、ただあなたの心の中だけの問題であって外の世界とはほとんど関係がないのではありますまいか」[42]。それは「心の中だけにいる自我の幻影」[43]であって、「ただあなたが、頭の中からそれを追い払わない場合のことなのです。あなたがそうと信じているかぎりは、その悪魔も存在して魔力をおよぼすのです」[44]。「悪魔はただ心の中にいるだけだ」[45]。

　偶像は、我々が生み出すのである。パウロが記す次の一節はそのことに触れている。「それ自体、汚れているものは一つもない。ただ、それが汚れていると考える人にだけ、汚れているのである」（『ローマ人への手紙』14章14節）。

6. 偶像論の陥穽

　ところで神が人となったこと、神と人との関係は、人と同じ被造物である「もの」一般に敷衍できることということに異論をとなえる研究者もいる。近年のイコン論研究の中心的存在で、ジャン＝リュック・ナンシー（1940年～）が著書『イメージの奥底で』のなかでも引用しているマリー＝ジョゼ・モンザン（1944年～）のイコン論[46]は、「受肉は物質化ではない」とし、そう考えることを「根本的な誤りである」とまで書いている[47]。そして「受肉の思い出としてのイコンの肉体は、単なる物質ではないのであり、イコン肯定論者たちがイコン否定論者たちを非難したのは、否定論者たちは、そのことを見逃して誤ってイコンをアイドルと同じ単なる〈もの〉にすぎないとしたからであった」と記す。これは単性論の誤謬としか思えないのであるが、ここで指摘したいのは、こういうイコン論は、イコンを「もの」以上であると位置付けたいという願望の表れと考えられることである。なぜなら、旧約聖書が非難するように、偶像は「もの」のレベルであり、イコンは偶像以上なのであるから、その結果当然イコンは「もの」以上でなければならないからである。しかし、これは現代の多くのイコン論にも見られる不必要で誤った願望である。同じような願望は、カトリックの哲学者ジャン＝リュック・マリオン（1946年～）の次のようなイコン論にも見られる。曰く「イコンは見ることから結果するのではない。見ることを生じさせる。イコンは見られるのではなく、現れる。…イコンは見えるもののイコンではなく、見えないもののイコンである」[48]。また、美術史のハンス・ベルティング（1935年～）も次のように記す。「像は画家の創意になるものではなく、多かれ少なかれモデルが生みだすのであり、モデルがなければ像も存在しえない。原型の本質を取り込むことによって、像は、像への崇敬を正当化する超自然的な力を借りることになる」。そして「像はほとんど人間と同じ存在になり、異教の新プラトン主義に根差す形而上学で説明された」[49]とする。

　イコンを単なる「もの」以上とみなしたいという願望は二重に間違っている。まずアイドルを「もの」と定義することに間違いがある。アイドルを「も

の」と考えるのは旧約のモーセのイデオロギーであり、エジプトの人々はアイドルを単なる「もの」ではなく、生きていると考えるから崇拝してきたのである。その感受性を否定するモーセとモーセ以降の預言者たちは繰り返し、アイドルは単なる「もの」であってそれに望みをかけて祈ることは無意味だと語ったのであった。それは像とオリジナルを混同する本能を否定することである。もちろんフロイトが怖れたように、誰にでも常に混同する可能性はある。しかし、それを断固として啓示によって否定するのが旧約聖書である。そうした上で「神の受肉」つまり神の「もの」化を根拠に、神の肖像画であるイコンを可能とする。これが新約聖書であり、「もの」は神を映すことができるようになった。しかし旧約の律法は「一点一画も消え去ることはない」（『マタイによる福音書』第5章18節）のであり、「もの」は神を映しても「もの」にとどまるのである。神の像であるイコンは決して神そのものではない。イコンは「もの」であり、相変わらず朽ちていく空しい被造物に過ぎない。それは「もの」としてブーバーのいうところの「見る（sehen）」対象であって、生きているものを見る「視（schauen）」の対象ではない。我と汝との関係は、生きている神と神から霊を受けて生きている人との間にのみ成立する関係であり、それ以外はすべて我と「もの」との関係である。

　生きているのは神のみであり、被造物の物質世界はすべて主体の表象である。これこそユダヤ・キリスト教による近代的思考である。「もの」が生きていることは、モーゼ以来否定されている。「もの」が生きているのは、遊びの世界、物語の世界でしかあり得ない。

注
1) Erwin Panofsky（1972）*Renaissance and Renascences in Western Art*, New York, 112-113.
2) 和辻哲郎（2007）「『偶像再興』序言」『和辻哲郎感想集　偶像再興　面とペルソナ』講談社文芸文庫, 210.
3) 伊東史朗（2009）「秘仏開帳！」『一個人』（特集　京都の仏像）, No. 114（11月号）, 39.
4) 藤澤隆子（2002）「秘仏とは何か」『日本の秘仏』（コロナ・ブックス）所載, 平凡社, 114-119.

5) 亀井勝一郎（1997）『大和古寺風物誌』新潮文庫、182.
6) サン＝テグジュペリ（1962）『星の王子さま』（内藤濯訳）岩波版、99。Antoine de Saint-Exupéry（1946）*Le Petit Prince*, 103.
7) 山本陽子（2006）『絵巻における神と天皇の表現—見えぬように描く』中央公論美術出版、11.
8) 同書、59.
9) Bernard Faure（1991）*The Rhetoric of Immediacy: A Cultural Critique of Chan/Zen Buddhism*, Princeton, 170.
10) Bernard Faure（1998）The Buddhist Icon and the Modern Gaze, in *Critical Inquiry*, 24（Spring）, 807.
11) Donald F. McCallum（1994）*Zenkoji and its Icons: A Study of Medieval Japanese Religious Art*, Princeton, 181-182.
12) Robert H. Sharf/Elizabeth Horton Sharf (ed.)（2001）*Living Images: Japanese Buddhist Icons in Context*, Stanford, 8.
13) ibid., 9.
14) iibid., 11-12
15) Fabio Rambelli（2007）*Buddhist Materiality: a Cultural History of Objects in Japanese Buddhism*, Stanford, 75. および、Bernard Faure（1998）The Buddhist Icon and the Modern Gaze, in *Critical Inquiry*, 24, 768-813.
16) デュルケム（1987）『宗教生活の原初形態（上）』（古野清人訳）岩波文庫、19.
17) マックス・ヴェーバー（1996）『古代ユダヤ教（中）』（内田芳明訳）岩波文庫、545-6.
18) ブーバー（1969）『人間とその形象物』（ブーバー著作集 第4巻）みすず書房、45。Martin Buber, Der Mensch und sein Gebild（1962）*Martin Bubers Werke*, erster Band, München, 434. この箇所は、岡山大学大学院博士課程後期学生の梶原麻奈未の教示による.
19) ジャック・ラカン（1964）「目と眼差しの分裂」『精神分析の四基本概念』（ジャック＝アラン・ミレール編、小出浩之［ほか］訳）、岩波書店。Michael Hatt/Charlotte Klonk（2006）*Art History: A critical introduction to its methods*, Manchester, 189-92.
20) ジャック・ラカン（1964）、143.
21) Georgia Frank,（2000）The Pilgrim's Gaze in the Age before Icons, in *Visuality Before and Beyond the Renaissance*（ed. by Robert S. Nelson）, Cambridge, 107. Pseudo-Shenoute, On Christian Behaviour, XL, 5, transl. by K. H. Kuhn（1960）*Corpus Scriptorum Christianorum Orientalium, Scriptores Coptici*, Tomus 30, Louvain, 55.
22) フローベール（1997）『聖アントワヌの誘惑』（渡辺一夫訳）岩波文庫、259.

23) *The Ante-Nicene Fathers* (1989), vol. I, Edinburgh, (reprint), 526.
24) 宮本久雄編（1992）『中世思想原典集成 2 盛期ギリシア教父』平凡社、134.
25) Kotter（1975）*Die Schriften des Johannes von Damaskos*, III, Berlin, S.77, 109, 92. 英訳は、St. John of Damascus（tr. by Andrew Louth）（2003）*Three Treatises on the Divine Images*, NY. 22, 35, 31.
26) Otto Clemen (hrsg.)（1967）*Luthers Werke in Auswahl*, Zweiter Band, Berlin, 15.
27) Werner Neumann (hrsg.)（1974）*Sämtliche von Johann Sebastian Bach vertonte Texte*, Leipzig, 228.
28) Georgia Frank (2000) The Pilgrim's Gaze in the Age before Icons, in *Visuality Before and Beyond the Renaissance*, ed. by Robert S. Nelson, Cambridge, 102.
29) Daniel A. Keating (2003) Divinization in Cyril: The Appropriation of Divine Life, in *The Theology of St Cyril of Alexandria: The Critical Appreciation*, ed. by Thomas G. Weinandy/Daniel A. Keating, London, 149.
30) ibid., 176.
31) 谷隆一郎（2009）『人間と宇宙的神化―証聖者マクシモスにおける自然・本性のダイナミズムをめぐって』知泉書館、238.
32) 谷隆一郎（2009）、263.
33) 谷隆一郎（2009）、266.
34) マルー（1996）『キリスト教史 2 教父時代』平凡社ライブラリー、258.
35) Paul Meyendorff (tr.)（1984）*St. Germanus of Constantinople on the Divine Liturgy*, New York, 57.
36) 牧島如鳩が描いた「生きている絵」については、『キリスト新聞』（2009年11月7日付）、および鐸木道剛（2009）「〈もの〉としてのイコン：旧約からの系譜」『エイコーン―東方キリスト教研究』（第39・40号合併号、23以下）にも記した.
37) 鐸木道剛編（1998）『山下りんとその時代展』カタログ、67、136.
38) А.М. Лидов（редактор-составитель）（1996）*Чудотворная икона в Византии и древней Руси*, Москва.
39) А. М. Лидов（редактор-составитель）（2001）*Чудотворный образ: Иконы Богоматери в Третьяковской галерее*, Москва.
40) フロイト（2006）「不気味なもの」『フロイト全集 17』（藤野寛訳）岩波書店、45.
41) 偶像論の観点からのドン・ジョヴァンニ伝説の解釈についても既に記した。鐸木道剛（2009）、20.
42) ホフマン（1984）『ホフマン短編集』（池内紀訳）岩波文庫、164.
43) ホフマン（1984）、168.
44) ホフマン（1984）、177.

45) ホフマン（1984），177．
46) ジャン＝リュック・ナンシー（2006）『イメージの奥底で』以文社、15, 注1．
47) Marie-Jose Monzain（2005）*Image, Icon, Economy: the Byzantine Origins of the contemporary Imaginary*, Stanford, 94.
48) Jean-Luc Marion（1991）*God without Being*, Chicago, 17.
49) Hans Belting（1994）*Likeness and Presence*, Chicago, 153-4.

第4章　ものと神々しさ
― Things and their Divinity ―

北岡武司

　存在するのは唯一の実体、神だけであると見たスピノザにとって、視野に入ってくる一切は神性を帯びていたであろう。逆にすべてが、世界が牢獄と見える精神もある。ソクラテスのごとくである。目に翳りがある。翳りは肉体への侮蔑からくる。肉体という鎖……世界という牢獄……魂は繋がれている……。ソクラテス主義へのニーチェの一貫した批判は、翳りある眼差しへの批判、世界を牢獄と見る精神への批判という一点に集約できよう。「もの」の、世界の、divinity を感受する精神もあれば、感受できない精神もある。デカルト以降のパネンテイズムにせよ、バークリーのインマテリアリズムにせよ、これらは若干奇異な印象を拭えないにしても、有限な存在するものと無限なる存在者、神との繋がり、そのことの哲学的確証を得ようとしていたと考えられる。他方、カントはその批判哲学によって数学や自然科学の根拠付けをなしたとみられている。その一面は否めない。従来のカント解釈はそこにのみ着目し、議論がなされてきたようである。しかし、カントにあっても「もの」は本来「非感性的直観の客体」である。ものが有るということは、根源的直観により直観されていることなのである。批判哲学でも、神の知的直観により直観されていることが「ものの存在」である。「ものである」ということである。この立言が正しいとすれば、ここにも、ものと神との繋がりの通常の意味での存在論的確信を得ようとする意図が垣間見えるといってよいだろう。ものの神々しさを感受することを可能にしているのは、その繋がりだとはいえまいか。

　本章では、近代哲学において「もの」に神性が輝きでる可能性を確かめたい。そのために①観念論における「もの」、②アイデアのリアリティーと神

性、③「観念論論駁」と「もの自体」、④積極的意味でのヌーメノンと知的直観、⑤「もの」の神々しさについて論究しよう。ただ紙幅と時間が限られているので、今後の研究のためのスケッチを描くにとどめる。

1. 観念論における「もの」

ものはつねに一つのものである。窓も一つのもの、窓の外に見える樹木も一つのものである。窓の外には多くの木々が並んでいると言う人もいよう。しかし多くの「もの」とは、一つのものが複数あるというだけである。多くのものはすでに「一」挙に眼差しに納められている。「全体」として捉えられている。全体とは「一」の下にもたらされた「多」である。

一つのものが経験の対象として確固と一つ有るのではない。現に窓の外の樹木は一本の木、一つのものである。しかしこれは根、幹、枝、葉などからなる。根も幹も枝も葉も、それぞれに一つのものである。あまつさえそれらを構成する細胞も、有限数であるにせよ数えきれない。しかも、それぞれに一つである。細胞も、細胞を構成するさまざまな要素も、構成要素の構成要素も、その都度 one thing である。

生物の場合、とくに個体（an individual）に着目して「もの」の概念が適用されることがある。クジラの個体数の減少とか特定の植物の個体数の増加というとき、物体（corpus）の数が問題にされているのではない。生物も経験の対象として現れ、物質として見られる限りでは無限に分割可能（infinitely divisible）である。けっして an individual ではない。樹木も生命体としてみるならば、不可分なもの（indivisible）である。逆にあくまでも物質としてみれば、divisible である。しかも無限に分割しうる。不可分なもの、individuum という意味での個体は、経験の対象としては見いだされえない。経験界で遭遇するものは、空間と同じように無限分割可能なものだけである。実際、木の場合は葉っぱをすべて枝から切り払ってバラバラにしてしまえる。一枚一枚を、例えば栞にして本に挟むこともできれば、テンプラにして食べることもできる。枯れてしまえば、木はもはや木ではなくなる。個体ではなくな

るのである。人間の身体とて同じである。人体も経験の対象としては赤肉団に他ならない。これもジェットエンジンに吸い込まれれば、粉微塵である。

　個体とは元来、命を宿すものの義である。命が来たり、とどまってこそ個体である。命が去っても「もの」ではあるが、しかしそのとき、「もの」はもはや個体ではない。木を木として見るとは、命を宿す神々しいものとして木を己の内に受け容れることである。それができるかどうかは、それを見る精神における命の度合い、聖性との触れ合いの度合いに依存しているのであろう。したがって対象化し、客体化する態度には出会えない類のものである。木を物質として見るとは、命の神々しさを度外視して単に空間的に広がりをもつにすぎないもの、延長として見ることに他ならない。

　「もの」が一つのものであるのは、それがつねに纏まって統一化されて捉えられ、一つのものとして思惟され、表象されるからである。一つのものは多様を含む。樹木の例を見れば明らかである。一枚の葉っぱは、葉表と葉裏をもち、双方の色つやは異なる。葉脈が何本も浮きあがっており、数えきれない細胞からなる。我々は一つのものを、そのように多様を内包するものとして知覚する。あらゆる外的経験の対象は、己の身体をも含めてそのようにして知覚されている。「もの」は一つのものではあるが、他方で又、無限に多様を内包するものでもある。それは、我々がものを見るとき、どこで「分ける」かにかかっている。分けられた項が「ひとつ」のものである。「分ける」は、一つのものを分けられた複数の項にすることに他ならない。それは意識におけるcogitoの働きである。物質として見るにせよ、バークリーのごとく物質は有らぬ、空間も有らぬという大胆な提言をするにせよ[1]、いずれにしても「もの」は観念として私の前に、私の心に立てられる。

　「そこに有るもの」was da istを見るという理論的態度にとっての客観とか対象といったものの内実は以上のようなものである。それらには知覚された限りで、あるいは知覚可能な限りで「有る・有らぬ」の、Sein, Nichtsein（A 110）のカテゴリーが適用されうる。それも「超越論的思惟一般の要請」という認識論的諸原則、言い換えれば諸制約に服した形で、その範囲内において、すなわち可能的経験の枠内においてである。さしあたりは、その範囲内での

「有る・有らぬ」なのである。「私」に可能な経験の範囲内においてである。「もの」はコギト（「私は考える」＝超越論的統覚）の照射圏域内で認識活動の光に照らされて浮かびあがってくる。意識内の所与である。私により思惟されたものである。「もの」はその都度、一であることの、一性（Einheit）のカテゴリーが適用される形で思惟されている。逆に言えば「私」はその都度「一性」のカテゴリーを適用して「もの」を「もの」として捉えるのである。したがって可能的経験の対象のすべてを、この多を一の下にもたらすとき、「私」は宇宙という一つの「もの」を思惟していることになる。理念としてである。

　ものは「私」により思惟されている。思惟する（cogitare）の意味はきわめて広い。悟性的に結合して超越論的統覚の根源的な統一の下にもたらす働きのみならず、「意欲する」「肯定・否定する」「感覚する」も、広い意味での思惟である。その対象は、すべて精神内でコギトと向き合っている。「思惟されたもの」は統覚に向きあって表象されたもの（das Vorgestellte）、表象（die Vorstellung）である。すなわち観念である。「感覚する」「知覚する」ことがすでに心の働きである。「知覚されたもの」とは、心にプレゼントされた表象に他ならない。ものは存在する。同時に表象を受け取り、思惟する「私」も存在する。否、例えばデカルトにとって先ず存在認識が確保されるのは、この「私」についてである。だが「私」は「思惟するもの」（res cogitans）だと「私」が考え、述べるとき、「私」は思惟する「私」によって現実的な「私」から引き離され、「私」の前で客体化されている。その間に、「私」と現実的な「私」との間に距離が置かれる。「思惟するもの」としての「私」は他の「もの」と同じようにコギトに照らし出される平面に立てられる。そのことで「私」は、思惟し存在している「私」からも、思惟するという働きからも離れ去ってしまう。この離れ去った「私」が「私」だと現実の「私」は思うのである。

　天も地も、月も星も、光も水も可感的なもの、sensibleである。それは上に述べた意味で「思惟されるもの」である。しかしものは、我々が見ることで存在するわけではない。我々の思いによって存在にもたらされるわけではない。我々自身が創られたもの（creatures）である。その存在は、絶対受動（passio absoluta）という意味で依存的である。派生的（derivativus）である。我々

第4章 ものと神々しさ— Things and their Divinity —

は「生まれてくる」のであり、物心つけばこの世での存在にもたらされていたのである。我々の思い、意志、言が対象を、あるいは我々自身を存在にもたらすわけではない。もたらすのは神の言(ことば)である。

デカルトがその後の近代観念論の源流となっている。例えばマールブランシュの、一切は神の内に有るとするパネンテイズムや、バークリーのスピリチュアリズムはデカルトの継承である。同時に、デカルトの観念論の克服のための戦いであった。それだけではなく批判哲学にもその志向を確認できるかもしれない。カントの観念論論駁は、デカルトの観念論を「問題的＝蓋然的(problematisch)観念論」というタームで概括しており、デカルトはバークリー(独断的観念論)とならんで論駁のターゲットとされる。しかし実は「論駁」は、デカルトが遺した課題の仕上げなのである。それゆえデカルト、バークリーの観念論について一考することは「論駁」を理解する上でも、また哲学者たちの言う「客観的実在性」について理解を得る上でも、幾何かの光を投げかけてくれよう。

デカルトにとって、すべての認識の内で「第一にしてもっとも確実なもの(prima et certissima)」は「私は考える、故に私は有る(ego cogito, ergo sum)」という事実認識であった(P. P., VIII-1. 7)。「私」は精神(mens)である。mens たる「私」は mens の外に出ることはできない。「私」は延長をもたず、身体がなくとも「私」とされる。外的なもの、物体もその映像(想像 imaginatio)が与えられる場所は「我々の内(en nous)」である。可感的なデータつまりセンス・データも、精神としての「私」に与えられた表象に他ならない。私は考えるという事実は、私の存在を示している。しかし「可感的もしくは表象可能なもの(res sensibiles aut imaginabiles)」は、コギトに対向する形で私の前に立てられている。それを我々は通常、外的なものと呼び、その存在を疑いはしない。しかしそれらが立てられている場所は、あくまでもコギトに照射される精神の領域である。己の身体さえも、そのように照射されて浮かびあがってきた imaginatio としてみることができる。例えばデカルトは「共通感覚(sensus communis)」の在処を脳の一部としている (M., VII.

86)。しかしデカルトの観念論からいえば、共通感覚もその他のセンスも人体にではなく、あるいは物質としての感覚器官にではなく、精神にあるのでなければなるまい。そもそも「感覚器官」が「私の外」に存在するかどうかも疑わしい。センス・データは精神としての「私」の外ではなく、「私」の内にあるとならざるをえない。思惟の必然からいえば、そうなる。それは精神におけるfeelingであり、be felt by meということになろう。心のなかに感じとられ、映し出されたものである。その意味で「観念」、イデア、アイディアである。それ故また「私の思惟」である。『省察』では「私のすべての思惟 (omnes meae cogitationes)」について次のように述べられる。「これらの内のあるものは、いわばものの像 (rerum imagines) であって、観念という名称は本来このものの像にのみ適合している。例えば人間にせよ、キマイラにせよ、天にせよ、天使にせよ、神にせよ、これらを私が思惟する場合のごとくである」(M., VII. 37)。ここに挙げられているさまざまな「ものの像」の内で、今日的な意味で純粋に想像力の所産あるいはファンタジーと呼ばれうるものは「キマイラ」だけである。デカルトにとって神はもちろん存在する。そもそも「私」が存在するのは、神が「私」を創造するからである。mensとしての私の存在は、神の存在を明示している。

　デカルトは、あらゆる事柄を疑いうるとする段階で、外的なものの存在を疑いうることを、更にはその存在についての判断の蓋然性に関する見解を述べる。曰く「ところで我々はひとえに真理を尋ね求めるわけであるから、まずはじめに我々が疑うであろうことは、果たして何らかの可感的もしくは表象可能なものが存在するかいなか、ということである。」[2]――問題とされているのは、感覚を通して私に現れてきている「もの」が実際に、ということはものとして、realiter に存在するかどうかである。実際に「存在する」とは、私の表象が幻影でも幻想でもなく、その表象に対応する客体がそれ自体で有る、つまり神により創造されたものとして有るということである。突き詰めればそうならざるをえない。もっとも「存在」は多義的である。しかし「存在」の語の意義をどこまでも広げていくなら、幻影や幻想までも表象として「存在する」ことになってしまおう。たしかにその意味では、それは特定の人の（おそらくは

第4章 ものと神々しさ — Things and their Divinity —

その人だけの）意識には存在するであろうが、重要なのは表象に客体が意識の外で対応するか否かである。

　可感的世界は物体的な「もの」の綜体である。「もの」および「世界＝宇宙」が存在するか否かについては、デカルトにあっては蓋然的＝問題的な推論しか成立しえない。それは、「私は有る」という経験的主張を確実なものとするデカルト哲学の結構に由来する。そもそも観念に対応する客体の存在認識が成立するためには、客体が私の思考の外でそれ自体で定立されて有ることの直接的確証がなくてはならない。ところが思惟と延長とが異質なものとされるために、精神はその本質上、物体とは関係できないような結構をデカルト哲学はもっている。「私」は私を出て、私の外なる空間の中へと入っていけない。それ故、客体と私との直接的関係そのものが蓋然的であらざるをえない。それが関係なのかどうかも検証できない。ひょっとしたら表象だけあって、表象に客体が対応しないかもしれないのである。「もの」の存在が蓋然的ならば、可感的世界の存在も蓋然的だということになろう。そのような世界について、またものについて、必然的な認識も assertorisch な認識ももちえまい。

　しかし例えば、時代は下るにせよ、ニュートンの自然哲学は可感的世界について必然的な諸命題を提示している。精神は、その世界については assertorisch な認識をも必然的な認識をも獲得しうるのである。認識は私の信念（my belief）というわけではあるまい。その世界の存在が蓋然的＝問題的であるなら、自然科学が取り扱っている対象は存在が蓋然的にすぎない「もの」およびその「綜体」だということになってしまおう。すなわち、認識が客観的妥当性をもたないということである。存在が蓋然的である対象について、いかにして assertorisch な認識も必然的な認識も可能だといえようか。しかも我々はその認識内容の確実性を信じている。あまつさえその反対は不可能だという意識をもって、その正当性を確認する。ニュートン物理学を用いて月にロケットを飛ばし、宇宙飛行士が月面に触れる。月が存在するかどうかを疑っていては、月に人を送り込むことはできまい。そうだとすれば、物体的なものや世界の存在の疑わしさ、あるいは証明不可能性の提言は哲学上の一大スキャンダルである。しかし『省察』第6でデカルトは書いている。「私は言う、ま

ことに物体が存在するならば、そのようにして想像（表象）が成就しうることを私は容易に理解する、と。そして想像（表象）を説明する上で、物体が存在するということほど好都合ないかなる仕方も思いうかばない故、そこで物体は存在すると私は蓋然的に推測する。しかしたんに蓋然的にである。そしてたとえ私がすべてのものを厳密に調べようとも、私の想像（表象）の内に私が発見する物体的本性の明確な観念に基づいたのでは、なんらかの物体が存在すると必然的に結論づけるようないかなる論拠も取り出されえない、と私は見る」[3]。物体の「想像」「表象」は現に与えられている、「成就している（perfici）」。窓の外の月影がそのようなものとして意識に与えられている。それは「物体が存在する」ことなしには理解できない。「そこで」夜空に見えるあの月が、私の外に、空間のなかに存在すると、つまり「物体は存在すると、…私は蓋然的に推測する（— probabiliter inde conjicio corpus existere）」。あそこに見える月は先ずは「表象」として与えられている故、多分存在するであろうというのである。デカルトは思惟の厳密さを期したのか。それとも物体の存在に関して蓋然的な証明しか不可能ではない事態に陥っているのか。さもなければ、我々には未だ知られていない内実がデカルトの胸の内があるのか。

　困難は「精神と物体」、mens & corpus は「互いに実在的に異なった実体、(substantiae realiter a se mutuo distinctae)」（M. VII. 13）とされるところから生じる。あるいは realiter という語に対する我々の理解の乏しさから生じるのかもしれない。「実在的に（realiter）」とは、我々にとっては先ずは「もの的に」ということである。「実在的に」「異なる」realiter distinctus とは、個体と個体とが互いにとって他という意味ではない。このボールとあのボールは同じ型だが、それぞれに一個という意味ではない。むしろ「もの」としての本質が異なるとともに、立てられる平面が異なっているのである。物体が存在すると思われる「平面C＝空間内」は、コギトにより照射されうる平面Bとは別である。「空間内」は今のところ「私の外」なのである。平面Bと平面Cは互いに不可入である。延長と思惟とのあいだに繋がりのつけられようはずがない。「私」はコギトに照らし出されうる精神を「出て」、延長のなかに入り込めない。また延長が延長なき精神の内に滲入することもできない。ものも

私も観念としてのみ、想像としてのみ、平面B上に立てられうる。延長するものの観念は思惟である。つまり「想像」ないし「表象」(imaginatio) である。この imaginatio はたしかに「私の内」で「成就」している。経験的事実である。意識における、平面B上の与件である。コギトの「私」=「経験的統覚の das Ich」がいつでも確認しうる事実である。しかしそれに対応するものが延長ともども私の外に、つまり平面C上に存在するか否かは確かめようがない。延長も空間も私の外なのである。まことにデカルト自身の言うごとく、「なんらかの物体が存在すると必然的に結論づけるようないかなる論拠も取り出されえない (nondum…, ullum sumi posse argumentum, quod necessariò concludat aliqued corpus existere)」(M. VII. 73)。

とすれば感性的なデータが「想像」として与えらえているもの、それが「存在するためには神により創造されねばならないもの (res quæ a Deo creari debent ut existant)」(M., VII. 14) だという確証ないし「論拠 (argumentum)」は、コギトには与えられえないことになる。デカルト自身は、あるいは神の誠実を引き合いに出すことにより、物体の存在を problematisch にではなく、assertorisch に証明しえたと信じたかもしれない。『省察』第6、第十段落で「それ故、物体的なものは存在する (Ac proinde res corporeæ existunt)」(M., VII. 80) と、モードは assertorisch に述べている。しかし我々には、これもやはり problematisch でしかない[4]。これが assertorisch でありうるのは、有限な存在者はすべて「それが存在するためには神により創造されねばならない」ものだという命題が前提される場合だけであろう。だから Ac proinde res corporeæ existunt の理由として以下のように述べられるのである。「それにもかかわらず、神は欺くものではないから、神自らがこのような観念を直接私に伝えるのではないこと、そしてこのような観念の客観的実在性が形相的にではなく、優越的に含まれているような何らかの被造物の媒介によって私に伝えるのでもないことは、まったく以て明白である」[5]。このように、神が直接有限な精神にものの観念を送り込むということは、有りもしないものの観念を有限な精神に生じさせることであるから、神が欺くもの fallax だという結果をもたらす、とデカルトは考える。本気でそのように考えていた

かどうかは別として[6]、この言表には少なくともそのような思惟が含まれている。また天使のようなもの、何らかの創造されたもの (aliquâ creaturâ) を媒介にして観念を精神に吹き込むというのも、同様の結果になるというのである。窓の外に見える木について、我々は存在認識をなす。木を明晰判明に表象して、木が「有る」「存在する」と判断する。神は誠実である。fallax ではない。私たちの感覚や知性をも、神は誠実に創造する。それ故我々が感覚と知性を用いて明晰判明に認識するものをも、我々が認識するとおりに神は創造する、ということである。有りもしない、存在しないものの観念を我々の内に引き起こすことにより、神は欺くものになってしまうという。とすれば、有る、存在するとはデカルトにおいていかなる意味なのか。

今のところ、デカルトにあっては神と私との直接の関係は断ち切られている。「私」は存在論的に孤独である[7]。世界から divinity が排除されている。しかし我々が世界の内に神々しいものを見て、頭を垂れ、天を仰ぐのは、世界にも我々の内にも何か神的なものがあるからであろう。あるいは直接的な関係の場が、そのような感受性が我々にあるからであろう。星の煌めく天空や、曙光の後、立ち昇ってくる太陽などの観念は divine ではないか。神々しいではないか。そうだとすれば、その divinity はこの「私」と神との繋がりによって保証されなければならないことになろう。それらの観念を、ものの「想像」を我々の sense に imprint したのが神だからなのだと考えることもできる。それは「存在 (esse)」の捉え方による。しかしいずれにしても「存在」は神を起源とするのである。

2. アイデアのリアリティーと神性

経験とは、ふつうは私と私の外との関係 (the relation between me and without me) だと理解される。経験論にあっては、ニュートン的絶対空間と絶対時間が前提され、経験の対象は認識主体を離れて絶対空間と絶対時間の内に物体的実体 (the corporeal substances) (T., 91) として存在すると捉える。ところがアイルランドのスピリチュアリストは、そのような物体的実体は存

在せず、存在するのは我々の senses に創造主により刻印された観念だとする。したがって私と物体的実体との関係という意味での経験は、バークリーのスピリチュアリズムでは最初からその可能性が排除されている。むしろ関係は「私」と神とのあいだにのみ成立するのである。

　バークリーは自らの立場をインマテリアリズム[8]と特徴づけ、精神の外 (without the mind) での物体的実体の存在を容認しない。「もの」に関しては、その「存在は知覚されていることである (their esse is percipi)」(T., 3)。そうである以上、有るとは観念として精神のなかで知覚されて有るという意味に他ならない。しかし通常、我々はそこに有るその木が私の精神の外に without my mind に存在すると考える。デカルトもそのように考えたが故に蓋然的観念論に陥らざるをえなかった。ところで、esse is percipi…。とすれば、そのようなもの、例えばそこに見える木、あるいは物体界はリアリティーをもたないのか。一見この言表、their esse is percipi は物体の観念のリアリティーを否定しているようにも思える。ものや世界は実際には存在せず、といわれているようにである。有らぬものの観念や観念の集合のことをふつう我々は幻想とか妄想と呼ぶ。幻想といい、妄想といい、知覚だけがあって知覚の対象が実際には知覚に対応していないという事態を指している。この事態は夢でも起こる。目覚めては、有らぬものを見たと現実的な「私」は思うのである。しかし特定の知覚が幻想にすぎないことを知るためにも、幻想ならざる事態と幻想との比較ができなければならない。つまりものがリアルに存在しているという事態を知っていなくてはならない。

　ところがその対応関係をバークリーは否定して、「感覚に刻印された観念はリアルなものである、言い換えれば、リアルに存在する——Ideas imprinted on the senses are real things, or do really exist;」(T., 90)＊と断定する。「精神」又は「スピリット」において知覚されているが故に、観念はリアルに存在する。かくして「もの」と「感覚に刻印された観念」とは一つである。ここで real とはさしあたり res 的、「もの的」という意味であろう。しかしそれだけだろうか。そもそも reality とは何か。又 res とは何なのか。「感覚にインプリントされた観念」が「もの」だから、「観念」は「もの的」である。リアルなので

ある。観念こそ、アイディアこそリアルである。しかしなぜ観念がリアルだと考えうるのか。それは「私」に対して現れているからではない。むしろデカルトに真っ向から反対して、観念が神により引き起こされたものだからなのである。したがって観念は有限な精神が勝手に創り出したわけではない。それ故、幻想でも妄想でもない。リアリティーは神からくる。リアリティーがあるとは神により創造されるものであるという意味である。バークリーは言う、「しかし私が自分自身の想念をどれほど支配できるにしても、現に感覚により知覚された観念が同じように私の意志に依存しているとは、私は思わない。真っ昼間に目を開ければ、私の目が見えるか見えないかを選ぶのも、私の視野にどんな特殊な対象が現れてくるかを決めるのも、私の支配できることではない。聴覚や他の感覚についても同様である。感覚に刻印された観念は私の意志の産物 (creatures of my will) ではない。それ故、私の意志とは何か別の、観念を産出するような Will or Spirit がある」(T., 29)。Will or Spirit とは神である。宇宙の観念も神により引き起こされる。

「もの」は神により産出されるが故に「もの」なのである。それ故にこそ res には realitas がある。「現に感覚により知覚された観念」は「私の意志に依存している」わけではない。「感覚に刻印された観念は私の意志の産物 creatures of my will ではない」から「私の意志とは何か別の、観念を産出するような Will or Spirit がある」とバークリーは言う。私の精神のなかにある観念は大文字の Will or Spirit が「産出する」。some other Will or Spirit that produces them が、である。どこに「産出する」のか。「私」という mind の内、in the mind 以外にはありえない。「感覚に刻印された観念はリアルなものである、言い換えれば、リアルに存在している。これを我々は否定するわけではない。しかし、それらを知覚する精神の外に観念が恒存できるということを我々は否定しているのである。あるいは、観念が精神の外に存在しているなんらかの原型の似姿だということを否定している。感覚作用の存在そのもの、あるいは観念は知覚されているということに存するからであり、また観念は観念以外の何ものにも似ていないからである。もう一度言えば、感覚により知覚されるものは外的 external というタームで表されようとも、ものの起源に関

第 4 章　ものと神々しさ— Things and their Divinity —　*67*

して言えば、起源という点ではものは内側で精神そのものによって生じているのではなく、ものを知覚するスピリットとは異なったスピリットによって刻印されているのである。同様に可感的な客体が別の意味で〈精神の外〉にあると言われうる。すなわちものが何か他の精神の内に存在しているときがそうである。このようにして私が目を閉じても、私に見えていたものはやはり存在しているのである。しかしそれは他の精神の内にあるのでなくてはならない」(T., 90)。ここでバークリーが否定しているのは、観念が「精神の外に存在しているなんらかの原型の似姿」だということである。

　これについて、デカルトの場合と比較してみよう。「精神の外に存在しているなんらかの原型の似姿 (resemblances of any archetypes existing without the mind)」とは、デカルトのタームでは外来観念としての「ものの似姿（像）」imagines rerum ということになる。そしてデカルトの場合「似姿」が「想像（imaginatio）」の形で思惟されているからには、多分「原型」であるところのものが有る、存在するとされたのであった。その場合の「原型（archetypes）」とは、精神の外に存在する物質的実体として思惟されるものである。バークリーの言う archetypes existing without the mind はそのような物質的実体を指しており、その「存在」をバークリーは否定する。では「もの」はどこからくるのか。「ものの起源に関して言えば、起源という点ではものは内側で精神そのものによって生じているのではなく、ものを知覚するスピリットとは異なったスピリットによって by a Spirit distinct from that which perceives them 刻印されている」、imprinted by a Spirit とバークリーは主張する。これはまさしくデカルトが『省察』第 6、第 10 段落で排除した思考である。デカルトは「神は欺くものではないから、神自らがこのような観念を直接私に伝えるのではないこと……は、まったく以て明白である（cùm Deus non sit fallax, omnino manifestum est illum nec per se immediate istas ideas mihi immittere,…）」(M., 79) と述べたのであった。バークリーはデカルトの思惟をベースにしていたであろうにしても、そのことは今は問題ではない。肝要なのは、「もの」は神により産出されているが故に「もの」であり、そうであるが故に客観的実在性をもつということである。

ものは精神の外から精神の中に入ってくるのではなく、むしろそれは「何か永遠のスピリットでできた精神の内に（in the mind of some Eternal Spirit）」(T., 6) 恒存する。しかも諸々の観念、あるいは観念の集合、言い換えれば「観念の束」、すなわち「もの」は「私の意志とは何か別の、……Will or Spirit」により「産出」されている。そのように「観念＝もの」を「産出」する Will or Spirit が存在する。——There is therefore some other Will or Spirit that produces them——むしろ他の諸々の存在するものは、「観念を産出するような Will or Spirit」からその「存在」を受け取っているのである。バークリーにあって「経験」とは神が我々のセンスに観念を imprint することにより成立する。同様に有限な spirits の「存在」とは、そのような意志あるいは Spirit により「知覚されていること」、percipi である。「私」は創造主、Creator により知覚されて有る。死ぬときもさまざまな観念の連続に遭遇するであろう。そうした観念の連続を超え、「私」は永遠なる精神の内に有る。「私」の現存在には divinity が宿っている。また神により引き起こされるさまざまな観念は divine でありうる。「もの」も divinitiy を帯びている。さまざまなものを知覚すること、そのことがすでに神からの働きかけなのである。働きかけがあらわに、そこに（da）現れていると感じられるかどうかは別として、一切は神からの働きかけ、一切は神の present なのである。

精神の「内」と「外」との差異は認めなければならないにせよ、ものの客観的実在性、realitas objectiva は、バークリーにおいてもデカルトにおいても、神によるものの産出を前提することでのみ理解できるようになるということを、我々としては確認せざるをえないように思われる。実体とは mind、spirit と呼ばれうるような存在者である。存在者、実体とは永遠のスピリットにより知覚されている「もの」であり、それはさまざまなプラン、平面において、例えばこの世という平面、神の国という平面で定立されて有るというふうに考えることができよう。あるいは、創造主はさまざまな平面で存在者たちを存在せしめているというふうにである。このように見れば、世界は今にも奇跡が溢れんばかりに divinity を帯びて、「私」の前に展開していると言えよう。

3.「観念論論駁」と「もの自体」

「観念論論駁」(B 274ff.) は、デカルトとバークリーの観念論への「論駁」である。その「定理 (Lehrsatz)」は、「私自身の現存在が経験的に規定されているという単なる意識によって、私の外の空間内の対象の現存在は証明される」(B 275) というものである。— Das bloße, aber empirisch bestimmte Bewußtsein meines eigenen Daseins beweiset das Dasein der Gegenstände im Raum außer mir.—簡単に言えば、経験を可能にする超越論的制約下で「経験」が成立していることは、経験の二つの項、つまり経験する主観と経験される客観との「存在」、そして思惟する私の「存在」とものの「存在」を直接的に証明しているということである。

私は、私自身の現存在を意識している。私の現存在の意識、それは例えばパソコンのディスプレイの映像という経験的直観により規定されている。感覚的なものを含んだ観念であり、表象である。この単なる「意識」、しかも「経験的に規定された意識」によって「私の外なる空間内の諸対象の現存在」、諸対象が現に有ることが証明される。これが「論駁」の骨子である。「空間内の諸対象の現存在」を私は推測する (conjicere) 必要がない。それは現に私の意識を規定するという形で「私自身の現存在」を規定している。「私自身の現存在」の意識とは、現象としての「私の現存在」の意識でも「もの自体」としての「私の現存在」の意識でもない。「私は考える」という作用に必然的に伴う意識である。phänomenal か extraphänomenal かに関して「私自身の現存在」は中立的である。かえって「私自身の現存在」が規定されているという意識が、「私」に開ける平面を決定する。規定されている内容が経験的か叡智的かにより、「私」が定立されている場が感性界か叡智界かのいずれかとして見られうる。いずれの平面を見るのも、数的に一つの「私」である。この意味で、その同じ「私」が Phänomen であると同時に Noumen なのである。その際、経験的な地平、感性界という地平の構造である時間空間のアプリオリテートは、両者の「超越論的観念性」として証明されている。時間も空間も「私の外」にではなく「私の内」に、私の心にアプリオリにそなわって経験を可能に

している制約、超越論的制約なのである。デカルトは空間や延長を「私の外」に定立した。それ故、思惟する「私」とは別の平面に外的対象を定立せざるをえなかった。「私」は精神として存在論的孤独にあって、外部との関係が遮断されている。すなわち平面B（私の精神）は平面Cとは絶対に関係不可能であり、神も天使も私の精神の内で思惟されている限り、あくまでも観念にとどまらざるをえない。「私」はどこまで行こうと平面B上にあって、物体が存在するとおぼしき平面Cにも、神や天使の地平である平面Aにも到達できないのである。そう思惟せざるをえない。そう思惟している現実的な「私」は、実は平面A上で創造されるものであるかもしれないのである。デカルトにあっては、「私」には空間内のものとも、天使とも、その他の霊とも、神とも、関係の可能性が断ち切られている。関係が成立するためには通路が必要であろう。しかし通路がない。

　経験とは私と私ならざるものとの向き合い、というより関係である。「私」とは統覚の根源的統一を統べる「私」であると同時に、それにより照明されうる私の「心（Gemüt）」のすみずみまでである。したがって「私の外の空間内の対象の現存在」、das Dasein der Gegenstände im Raum außer mir とは言っても元来、「私の外の空間内（im Raum außer mir）」が「私の内（in mir）」なのである。なぜなら、空間そのものがアプリオリに、我々の「心」に属しているからである。「私の外の空間」と言われるのは、空間が「外」的直観形式であるが故にである。直観形式そのものは我々の「心」のアプリオリに具わっている。それは「経験」を可能にする超越論的制約である。「経験」とは、「私」と私の外なる「もの」とのあいだでの関係の成立である。コギトの私、超越論的統覚の「私」は、カテゴリーや感性の形式を統べつつ「もの」に向かい、「もの」との関係、つまり経験を成就する。さて、「定理」の「証明」である。「私は私の現存在を時間内で規定されるものとして意識している。一切の時間規定は知覚における何か恒常的なもの、etwas Beharrliches in der Wahrnehmung を前提する。この恒常的なものは私の内なる何かではありえない。なぜならまさに私の時間内の現存在がこの恒常的なものによって初めて規定されうるからである。それ故、この恒常的なものの知覚は私の外なるある

第 4 章　ものと神々しさ— Things and their Divinity —　*71*

もの ein Ding außer mir によってのみ可能なのであり、私の外なるあるものの単なる表象 die bloße Vorstellung eines Dinges außer mir によって可能なのではない。それ故、時間内での私の現存在の規定は、私が私の外に知覚する現実的なもの、そのようなものの存在によって可能である。ところで時間内での私の意識はこのような時間規定が可能だという意識と必然的に結びついている。すなわち私自身の現存在の意識は同時に私の外なる他のものの現存在の直接的意識なのである」(B 275)。

「表象の多様一般の超越論的統一において、したがって統覚の綜合的根源的統一において私は私自身を意識している」(B 157)。それは「私がいかにして私に現象するか (wie ich mir erscheine)」の意識でもなく、「私が私自体においていかにあるか (wie ich an mir selbst bin)」の意識でもなく、「ただ私は有る (nur daß ich bin)」の意識である (B 157)。しかしその「私」が「私の現存在を時間内で規定されたものとして意識している」。「時間内の意識」は感性界の一部を意識することと重なる。窓からテーブルに陽光が射している。新幹線のモーター音が聞こえる。車内販売のコーヒーの香りが漂い、血液中に解けている睡眠薬が唾液に混じっている。その苦みを消そうと、私は口の中にコーヒーを流し込む。そのすべてを私は Apprehension〔覚知〕の形で受容し、知覚する。wahrnehmen する。それらは時間内で変化を蒙る。「私」の意識の変容 (Modifikation) である。

電車がトンネルに入れば、テーブルに射している光も天井の蛍光灯の光に取って代わられる。その光に染まった車内の光景と窓外の闇が、私にとっての感性界の一部となる。「時間内の意識＝経験的表象」により占められた意識は「このような時間規定の意識と必然的に結びついている」。むしろ「私は有る」は経験的表象を知覚しつつ時間内に「有る」ということである。何かが見えるとはその何かの映像により、つまり知覚内容により私の意識が、私の現存在が規定されていることである。何かは絶えず変化を蒙っているにしても、そこに有る。「何か恒常的なもの (etwas Beharrliches)」としてそこに有る。そこにとは今のところ、時間と空間という感性的直観形式を構造とした私のパースペクティヴにという意味である。経験的統覚に服した「私」の意識は、「私」に

とっての感性界の一部と重なる。さて「この恒常的なものは私の内なる何かではありえない」。恒常的である以上、それは時間内で表象されている。時間内で beharrlich なのである。しかし beharrlich なものが時間内で beharrlich であるのは、それが時間「外」で外時間的、外空間的な場所で position を占めるからに他ならない。「知覚」は現に成立している。ものは現に、そこにあらわに有る。時間内で恒常的なものの知覚は ein Ding außer mir によってのみ可能である。die bloße Vorstellung eines Dinges außer mir によって、「想像 (imaginatio)」によって可能なのではない[9]。又、神や天使によって私の mind の内に引き起こされるものではない。神に直観されているものによって可能なのである。

　「私自身の現存在」について、phänomenal か extraphänomenal かの中立性についてはすでに言及した。今、ein Ding außer mir に関してもその中立性を主張しなくてはならない。外時間的、外空間的という意味での「私の外」なるもの、その意味で ein Ding außer mir が時間内で恒常的なものとして「現象 (erscheinen)」している。新幹線の座席のテーブルも車両も車内販売の売り子も Erscheinung である。しかしそれらは時間内で恒常的なものとして私に捉えられている。単なる Apprehension が私の内で成立しているだけではなく、知覚が成立している。それらが単なる表象、単なる想像ではなく現に存在することは知覚の成立が証明している。それらはそれぞれに ein Ding außer mir である。すなわち「そこに現象するもの」、was da erscheint である。それは「もの自体」である[10]。

　もの自体が「そこに現象するもの」である。逆も真である。もの自体は外時間的、外空間的である。総じて「私の外」に思惟されねばならないものである。それは「そこに現象するもの」ではあっても、現象とは区別されねばならない。もの自体＝「そこに現象するもの」は、現象へと引き延ばされる以前の一点である。引き延ばしは感性においてなされる。それは感性で引き延ばされるが故に、時空形式を帯びて直観される。元来時空形式をもたない「そこに現象するもの」、その当のものがそのまま主観的な時空形式に、総じて超越論的諸制約に服していることになる。それが現象として捉えられるのである。

しかしここで「もの自体」を原因とし、現象をその結果とするようなカテゴリーの使用は不要である。それは越権行為であるのみならず、大きな誤解を生みだす。現象としてのものと「もの自体」としてのものとは同じ一つのもの、Einunddaselbe なのである。現象の「超越論的概念」の内に「現象はもの自体に非ず」が含まれている。「そこに現象するもの」は現象ではない。しかし、現象は「そこに現象するもの」の現象である。理論的認識で対象が現象としてしか与えられえないのは、超越論的諸制約の主観性の故にである。

　対象が「私の外の空間内に」現に有る da ist とは、空間内のある場所、私の身体が占める場所とは異なったある場所にその対象が有る、つまりその場所を占めるということである。それはそのまま対象がもの自体として有るということである。そこに（da）、現にあらわに客観的に有る。デカルトは、対象は「私が知性を用いて明晰判明に認識するとおりに存在する」、空間的広がりをもって、と推測したのであった。しかも「単に蓋然的に（tantum probabiliter）」である。バークリーにおいては、精神の外にはものはない、物体的実体はない。有るのはソウル、マインド、スピリットにおける神から精神への直接的な働きかけだけである。このように考え、彼はそれにより観念のリアルな存在を説明しようとした。しかしカントは時間と空間との超越論的観念性をベースにして、現象の存在は直ちにそこに現象するものの、もの自体の存在だとする。ではどうして、もの自体が res だと、realitas をもつと言えるのか。このように問わざるをえない。

4. 積極的意味でのヌーメノンと知的直観

　外感の対象は経験的直観としては表象であるにせよ、私の現存在の時間内における規定可能性と必然的に結びついている。それ故、外感を通した知覚はそのまま「何か恒常的なもの」の存在を証明する。「外感はすでにそれ自体で私の外なる何か現実的なものへの直観の関係であり、この現実的な何かのレアリテートは想像（Einbildung）とは異なり、外感が内的経験の可能性の制約となって内的経験と分かちがたく結びつけられることにのみ基づいて

いる」(B XXXIX, Anm.)。「この現実的な何かのレアリテート」は「想像 (Einbildung)」、imaginatio ではない。「そこに現象するもの」の、もの自体のレアリテートである。ものは有る、存在する。超越論的諸制約に服した形でではないにせよ、レアルに存在する。そのものをアプリオリとはいえ、我々は主観的諸制約に服した形で現象として捉えているのである。「恒常的な何か」はもちろん認識されえない。一見それが恒常的と時間的に表現されるのは、コギトに対向して覚知 Apprehension の連続として立て続けにコギトと、あるいは内的経験と直接的関係を結んでいるからである。「何か恒常的なもの」に感性が及ぶわけではない。それは感性に受容されるや、時空的なものに変容してしまっているだけである。

　かくして「現象」の概念は「超越論的分析論により制限」され、この「制限された概念」が「自ずと諸々のヌーメノンの客観的レアリテートを手渡すのであって、対象を Phänomena と Noumena とに区分すること、したがって又世界を感性界と叡智界（mundus sensibilis et intelligibilis）とに区分することを正当なものとする」(A 249)。Noumenon とはもの自体の世界で思惟されうるものであるが、それは言うまでもなく Phänomen と同じ一つのものである。「Noumenon ということで客観を直観する仕方を度外視して、感性的直観の客観ではないもののことを理解するならば、この客観は消極的意味での Noumenon である。しかしそのことで非感性的直観の客観を理解するならば、我々はある特殊な直観の仕方を想定しているのである。すなわち知的直観を想定している。これはしかし我々の直観ではない。知的直観については我々は可能性も洞察しえないが、この場合、客観は積極的意味での Noumenon ということになろう」(B 307)。現象を裏返せば、もの自体である。更に螺旋状に上昇して、もの自体を裏返せば「積極的意味でのヌーメノン」、すなわち「知的直観」の客観である。知的直観とは無限存在者にのみ帰せられる働きである。ここにものと神との直接的な繋がりが見えてくる。

　カントは「派生的直観」と「根源的直観」という表現を用いて感性的直観と知的直観とを区別し、知的直観という表現の言わんとするところを書いている (B 72)。「空間と時間内の直観の仕方を人間の感性に制限する必要はない。

一切の有限な思惟する存在者がこの点で人間と必然的に一致しなければならないということもあるかもしれない（もっともそれを決定することはできないが）。とはいえこの普遍妥当性の故にこの直観の仕方が感性でなくなるわけではない。その理由はまさしくこの直観の仕方が派生的（派生的直観・intuitus derivativus）であって根源的（根源的直観・intuitus originarius）ではないから、したがって知的直観ではないからである。そのような直観はいましがた挙げた根拠に基づいてひとえに原存在者（Urwesen）にのみ属しても、その現存在（Dasein）から言ってもその直観から言っても（この直観はその現存在を所与の客観との関係において規定する）依存的な存在者には属さないように思われるからである。とはいえ、この見解は証明根拠としてではなく、説明としてこの感性の理論に算入されなければならない」(B 72)。

　引用文の内容を整理しておこう。空間時間という直観様式は、ひょっとしたら人間だけのものではないかもしれない。カントは別の箇所で人間に固有のものだと述べている（z. B. B 42）が、「一切の有限な思惟する存在者」、天使やこの世を去っていった魂たちも同じ直観様式をもつかもしれない。しかし人間だけではなく、人間以外の有限な理性的存在者に妥当するということが仮に認められたにしても、だからといってその普遍妥当性の故に時空的直観形式が感性であることを、受容性の能力であることをやめるわけではない。「その理由は…この直観の仕方が派生的（派生的直観・intuitus derivativus）であって、根源的（根源的直観・intuitus originarius）ではないから、したがって知的直観ではないからである」。「直観」が派生的だというのは、それが直観の対象を存在せしめるわけではないからである。派生的とは依存的の謂である。感性は、すでに存在するものを受容する能力である。感性に受容されるものは、受容以前にすでに存在していなくてはならない。そして、何ものかによって存在にもたらされているのでなければならない。それに反して「知的直観＝非感性的直観」は「根源的」である。それは直観作用によりその対象を存在にもたらすような直観である。それ故、それは「ひとえに原存在者Urwesenにのみ属」するように思われるのである。

　ところで知的直観の客観であるということが、客観的に「存在する」の意

味である。「存在する」は、「客観は積極的意味でのヌーメノン」であることなのである。我々は、現象を裏返せばもの自体であり、スパイラルに上昇して、もの自体を更に裏返せば「積極的意味でのヌーメノン」、すなわち「知的直観」の客観なのだということを指摘した。現象が有るとは、もの自体が有ることであり、もの自体が有るとは「積極的意味でのヌーメノン」が有ることである。すなわち「有る」「存在する」とは、知的直観の客観として直観されていることである。ものが有り、世界が有り、それを認識する「私」が有るということは元来、それだけで divinity を帯びうるのである。むしろそれだけで「原存在者」の存在を指し示しているようにさえ思える。「そこに現象してくるもの」は、消極的には感性的直観の客体ではないものであり、積極的には知的直観の客体である。そのものが「そこに (da)」あらわに現象する。我々はそれを感性で引き延ばして現象として捉えるのである。

　しかし批判哲学はあくまでも慎重であり、抑制的である。神は人格であることが証明されなくてはならない。それには『実践理性批判』の「要請論」を俟たねばならない。「客体の存在認識は客体が思考の外で、それ自体で定立されてある (außer dem Gedenkan an sich selbst gesetzt ist) ということ、まさにこの点に存する」(B 667)。この命題は「理性の思弁的原理に基づくすべての神学批判」で述べられている。したがって神学的概念の対象ないし客体の「存在認識 (Erkenntnis der Existenz)」に関して述べられている。例えば神の概念に「悟性がどのようにして到達していようとも、しかしその概念の対象の現存在は分析的にその概念の内には見いだされえない。なぜなら客体の存在認識は客体が思考の外で、それ自体で定立されてあるということ、まさにこの点に存する」(B 667) からである。認識は有限な我々の認識であり、「思考」も又然りである。したがって存在認識は我々の「思考の外」で、概念に対応する存在者があることの「論拠」が、argumentum が見いだされて初めて成就する。「存在認識」は綜合的認識である。神の概念をいかに分析しようとも、「神は存在する」という命題はでてこない。客体の存在認識が可能であるためには、客体との関係が成立しなくてはならない。客体と「私」との関係の成立する方途は、理論的、思弁的領野では経験しかない。神に関して「経験」とい

う関係は成立しえない。したがって理論的認識としては、神を客体とした存在認識はありえない。実は実践的領野でも、それはないのである。純粋実践理性の「要請論」でも、客体としての神の現存在が、Dasein が論じられるわけではない。概念であれ、理念であれ、あるいは理想であれ、それが「思考」として我々の「内で」、心の内で、in the mind 思惟されているということは事実である。思惟された「もの」として「内に」あることに間違いはない。しかし問題はそれらの概念なり、理念なり、理想の対象が「思考の外で、それ自体で定立されてある」かどうかなのである。神に関してではないにせよ、理論的認識の対象が根源的直観により直観されていることだということで、ものは客観的な realitas を獲得する。外的対象についての「存在認識」は、この事態を言い表しているからである。外感の対象の場合、「根源的直観」により直観されていることがその被定立性を、レアリテートを保証するのである。

5.「もの」の神々しさ

　以上、近代の観念論についての考察から導き出せるのは、客観的に「存在する (existere)」という語で哲学者たちが言わんとしていたのは、おそらくは神により「創造されるもの」だということであろう。しかしこれまで見たところでは、それはあくまでも対象化的思惟にとってである。理論的認識の態度では、「私」そのものの内に神と「私」との絆の片方があるという保証はない。デカルトが「私は有る」と言うとき、本来は「私」は神により創造されるものとして「有る」という意味でなくてはなるまい。物体的実体は存在する、res corporeæ existunt とは、物体的実体の観念、表象（想像）を神が我々の精神に発信しているのでもなく、神以外の天使が我々の精神に発信しているのでもない。res corporeæ は我々が明晰判明に認識するとおりに神により創造されていると言わんとしているのである。だから奇妙な理由を述べた後で、Ac proinde res corporeae existunt と言いえたのである。ただデカルトの前提では、物体的実体の綜体つまり感性界の存在が「私」にも「神」にも疎遠なものとならざるをえない。疎遠さはバークリーにおいて解消されるものの、このス

ピリチュアリズムにあっては精神の外での「もの」の存在が否定されることになる。カントにいたって、現象としてのものの存在はそのまま「もの自体」の存在であり、それは神の直観により存在にもたらされていると考えることで、ものに Gottheit が輝きでる可能性が確保される。輝きだしは、まさしくこの「私」自身において遂行されるのでなくてはなるまい。しかも理論的に「もの」を見るという態度では遂行されえず、己の意志を規定せんとする際に、あるいは一般に意志規定との関わりにおいて体験させられるのである。

　「私」を可感的世界と向き合う側面から見れば、それは認識主観というアスペクトをも示す。もちろん、認識主観だということで「私」のすべてが尽くされるわけではない。「私」にはまた行為主体という側面もある。むしろそれが「私」である。行為主体（主観＝Subjekt）というとき、「私」はその「私」を他の認識対象同様、可感的な地平に措定している。「私」は「私」をも感性界で見いだされる「もの」と等価な「もの」と見なしている。それは反省的、再帰的となった「私」によって、反省の平面に立てられた「私」である。目は目を見ない。「私」は理論的態度にあっても「私」を見ない。ましてや意志規定を遂行するに際して、少なくとも「私」は「私」を反省的には見ないのである。行為の遂行においても「私」は「私」を見ない。

　「もの」は必ずしも思惟の対象を指すわけではない。思惟し行為する主体そのものをも意味する。「私」は「思惟し行為する主体そのもの」である。「思惟し行為する主体そのもの」は自由の主体であり、自由の臣下である。自由は理性的存在者一般の realitas である。原存在者により付与された客観的な「もの性」である。自由の行使に際しては、「思惟し行為する」私は感性的に与えられる対象、これも思惟されたものであるにせよ、そうした対象と同じ地平にもはや立っているわけではない。それとは異質な地平に立っている。

　「私」は自由であるが故に価値的である。「私」の自由の行使はすべて価値的である。「私」という人格の価値の表現だと言えよう。そうでない自由の行使はない。また自由の行使でない「私」の行為はない。例えば殺人は自由の行使である。行為者の人格の価値を表現する。それは世界を牢獄として見る眼差し、精神の表現なのかもしれない。少なくとも度合いの低下した自由の

第4章　ものと神々しさ― Things and their Divinity ―　79

表れなのである。そのような自由の行使は、己の realitas としての自由に背くものである。それは己の内に陰を投げかける。自由に背く自由を行使するのは我性である。我性により陰ができる。陰は光の存在を示しており、光は反省を促す。反省は元来、人間を超えた何かに照明されることによってしか可能ではあるまい。照明により、我々はより高次の自由へと飛翔することが可能なのではあるまいか[11]。

　例えばトルストイの『復活』やドストエフスキーの『罪と罰』において、度合いの低下した自由から、より高度な自由への移行が一個の人格において遂行される実例を、我々は見ることができる[12]。自らが牢獄と見る世界で人は自立的であろうとする。「生まれる」という絶対受動の形でこの世に投げ出された己の存立を守るために能動的に生きようとする。牢獄のなかの一切をエゴにより支配せんがためにである。そして例えば、老婆を殺し金を奪う。更にはそれを隠蔽しようとする。「生まれ」てきたという事実を忘れている。しかし「有る」とは己の内に divinity を秘めて「有る」ことである。「私」は知的直観の客体として有る。他人も同様である。しかし感性界に措定された「私」と現実的な「私」とを混同すれば、他人の神々しさも己のそれも見えない。それは絶対受動を忘却しているからである。エゴは自らを感性界に立て、感性界に立てられた己の存在を一切の基盤だと思いこむ。その基盤に立って、あらゆる能動性や自発性が発生するのだと錯覚している。そのようなエゴにとって能動性の射程は、時間内での己の存在の終わりまでしか及ばない。それも徹底的に自然機制の枠内においてである。そこにおいて人間は動物から生き方を学ぶ。「いかなる猿よりももっと猿である」[13] ためにである。「愛しい自己」を守るためにはありったけの知性を用いて自然からも社会からも搾取しなくてはならない。ふつう能動的とはそういう意味に理解される。エゴは存在的にも孤独で有らざるをえない。しかし絶対受動に限りなく近づくこともできる。180°回転すればよいのである。

　「私」は認識主観でもあり、意志を自ら規定する行為主体でもある。それ故、認識の可能性の制約を遡源的に確定していくこと、および行為主体としての「私」の行為を可能ならしめている諸制約を、やはり遡源的に確定していく

ことは、「私とは何か」という問いを掘り下げていくことである。いま・ここに有る「私」の掘り下げである。そのこと自体がすでに「私」という存在者の奥底に「私」が潜り、その本質を自覚することに他ならない。奥底とは、コギトとその対向とが対立する平面の下ということである。平面下がどれほど深いかは測りえない。掘り下げるとは「私」が主客の対立する地平から、世界から「身を引く」ことである。すでに認識もしくは経験の可能性の諸制約を確定していくこと自体が反省的、対象化的であるにせよ、「私」の奥底へと「私」自身が掘り下げていくことである。それがまさしく批判哲学の課題であった。おそらくはカルテジウムの、はたまたインマテリアリズムの課題でもあったろう。「私」が「私」を掘り下げていくことで、その奥底で、というよりそれを更に突き抜けたところで我々は something divine に、何か神々しきものに、否、「私は有る」を生み出している何かに遭遇しはすまいか。批判哲学はそのことを直言はしない。それどころか仄めかすことすらしない。しかし批判哲学を離れて考えても、実のところ「私は有る」はその何かの、something godly の存在を分有することだと考えることができる。「私」も、否、勝義には「私」こそが、自由を realitas とするが故に「積極的意味での Noumenon」なのである。「私」は非空間的、非時間的地平において「有る」。現に、あらわに、有る。実践において「私」は「私は有る」を産出している「もの」に出会い、「私」はその「もの」と「私自身」との繋がり、根源的存在者と「私」との絆を自覚する。

　それは例えばマルセルに言わせれば、「この私自身」が「まったく無媒介的に私に結びついた或る非時間的働きによって望まれた者」[14]であるという自覚でもある。それは宗教的、形而上学的体験ということになろうが、その現実性を否定する根拠はない。むしろその自覚は現実性、実在との直接的接触もしくは交わりからくる。「私は有る」は、「根源的直観」という「或る非時間的働き」を受け容れて有ることである。生まれることが絶対受動であるように、「私は有る」もその「働き」を能動とした絶対受動なのである。自殺は一見、絶対受動への能動的な反抗であるかに見えるにしても、しかし「私は有る」は自殺などでは逃れられない受動（passio）なのである。

「私」には「或る非時間的働き」が「まったく無媒介的に」「結びついて」いる。その「非時間的働きによって望まれた者」が「私」である。「私は有る」はその意志によって、その言(ことば)によって生みだされているのである。「働き」は「もっとも実在的な、もっともリアルな存在者 (ens realissimum)」からくる。己の存在の根底におけるこのような何か神的なものの働きは、我々の姿勢次第で感受しうるものであろう。その自覚を秘めてふたたび世界を見るならば、他者を見るならば一切を改めて刮目し、respecto せざるをえなくなる。なぜならば自覚は私の、私ならざる世界の、世界における諸々の「もの」の、他者の、神的なものとの繋がり、それを指し示すからである。実はカントの批判哲学はまさしくこの「或る非時間的働き」の可能性を確保するものでもあった。時間の超越論的観念性の教説は、「もの」の非時間的領域の教説でもあった。Noumenon としての「私」は根源的直観の客体なのである。

フィヒテも言うごとく、「美しさの源泉 Urquelle はひとえに神の内にのみある」[15]。美しさのみならず、あらゆる価値の源泉は神にある。「美しさ」は、すべての価値がそうであるように「神に霊感を受けた人々 (die Begeisterten) の心に歩みでてくる」[16]。価値に遭遇したとき、我々の自己主張の程度は低下している。「私」は謙抑的 (demütgend) となり、「自己」主張はゼロに向かって限りなく低下しうる。その度合いは遭遇する「もの」の価値の偉大さ、崇高さ、聖性に反比例するかのようである。価値は己の側にではなく、己が遭遇した己ならざるものの側にある。自然に見られる光景や芸術作品は、己ならざるものである。キャンヴァスから滲み出てくる、あるいは大理石から溢れでる美的価値と向きあって茫然自失する人もいよう。また、例えば仏像やイコンといった、作者がもともと何かへの激しい憧れと尊敬の念に基づいて制作に没入した作品などからは、単なる美的価値のみならず、ある種の道徳的価値をも我々は感じ取る。そしてそれを受け入れる。もちろん、受け入れを頑なに拒むのも人格の自由に属している。しかし実際のところ、創作においても鑑賞においても、さらには道徳的反省においても、我々に霊感を与えるのは神性なのである。バッハのオルガン曲を聴いて、身も心も教会ごと天空に連れ去られるような気分になることはないだろうか。これは、作曲家とオルガン奏者のコラ

ボレーションによって演出され創り出される世界に「私」が共鳴し、没入することで、「私」のなかに生み出される体験である。ある種の宗教的体験である。体験するのは「私」である。いや、「私」が体験させられるのである。個体としての我々の自己主張は限りなくゼロに向かって低下するにせよ、価値を受容する「私」は依然として存在する。「私」が消えてなくなるわけではない。現実的な「私」が平面A上に引き上げられるのである。「存在する」とは、神により「存在せしめられる」の謂である。「私」は平面A上でそれを自覚する。偉大なもの、崇高なもの、聖なるものが、おそらくはバッハを通して、あるいはオルガン奏者を通して出現する。それは限りなく絶対受動に近い受動態である。謙抑的にならざるをえない。とはいえ、そのような「私」が存在している。反省の地平では、「私」も「もの」として思惟される。私に見える「もの」(例えば仏像やイコン)、感覚可能 (sensible) な「もの」も同様である。逆に見えない「もの」(例えば仏像を彫った仏師の魂、思惟し意欲する「私」自身)も、そうした「もの」どもを産出し展開させている存在者同様「もの」として思惟される。しかし、例えば芸術作品により現出する世界に引きずり込まれるとき、もはや思惟の対象としてのものは「私」にはない。そのとき、一切が神々しい。世界に神々しさが輝きでる。

〔略記表〕

A od. B : Kant: *Kritik der reinen Vernunft* Erste od. Zweite Aufl.

P.P.　　　: Descartes, *Principia philosophiæ*, ŒUVRES DE DESCARTES publiée par A. et T., VIII-1.

M.　　　 : Descartes, *Meditationes*, ŒUVRES DE DESCARTES publiée par A. T., VII.

T.　　　 : George Berkeley: *A Treatise concerning the Principles of Human Knowledge*, edited by Jonathan Dancy, Oxford Philosophical Texts, Part 1、括弧内の数字はセクション番号を表す。

注
1) バークリーにあっては空間や距離の観念が可能なのは、視覚的経験と触覚的経験とを我々が関係づけうるときだけである。George Berkeley: *A Treatise concerning the Principles of Human Knowledge*, edited by Jonathan Dancy, Oxford philosophical Texts, 215.
2) P. P, VIII-1, 5-Nunc itauqe, cum tantum veritati quaerendae incumbamus, dubitabimus

第4章 ものと神々しさ— Things and their Divinity — *83*

    inprimis, an ullae res sensibiles aut imaginabiles existant.
3) M., VII. 73—Facilè, inquam, intelligo imaginationem ita perfici posse, siquidem corpus existat ; & quia nullus alius modus æque conveniens occurrit ad illam explicandam, probabiliter inde conjicio corpus existere ; sed probabiliter tantùm, & quamvis accurate omnia investigem, nondum tamen video ex eâ naturæ corporeæ ideâ distinctâ, quam in imaginatione meâ invenio, ullum sumi posse argumentum, quod necessariò concludat aliqued corpus existere.
4) 所 雄章はその『デカルト〈省察〉訳解』(岩波書店、2004) で以下のごとく述べる。「すなわち一つには、この証明はその最終段階で、「それらの観念が物体的な事物から送り出されると信ずる大きな傾向性」とこの自然的〈傾向性〉を裏書きすべき〈神の誠実性〉とに、論拠を求めようとしている、ということである。証明がそのように〈外界的物体〉へと向けて直行せず、いわば迂回を余儀なくされたのは、詮ずるに、〈(即延長的な) 物体〉それ自体を以て〈感覚〉的 (すなわち〈外来的〉の)〈観念〉の産出の原因であると断定するに足りるだけの明晰判明な論拠を、ついぞDESCARTESは見いだすことができなかったからではないのか」という見解を表している (同書、444)。しかしそうだとすれば、「客観的実在性」の概念の妥当性も疑わなければならなくなってしまう。我々はむしろ、res quæ a Deo creari debent ut existant (M., VII. 14) という表現を重視する。また次の註に含まれている aliquâ creaturâ, in quâ earum realitas objectiva , non formaliter, sed eminenter tantùm contineatur の realitas objectiva に注目すべきである。
5) M., 79 —— Atqui, cùm Deus non sit fallax, omnino manifestum est illum nec per se immediate istas ideas mihi immittere, nec etiam mediante aliquâ creaturâ, in quâ earum realitas objectiva, non formaliter, sed eminenter tantùm contineatur.
6) 『省察』、概要 synopsis でデカルトは世界の存在や人体の存在について健全な精神の持ち主で疑った者はいないと述べる。de quibus nemo unquam sanae mentis serio dubitavit. M., VII., 16.
7) Gerhart Schmidt, *Subjektivität und Sein, Zur Ontologizität des Ich* (1979). Bonn, Bouvier, S.83ff.
8) "*Immaterialism*", とはバークリーが自らの立場を特徴づけて言ったことである。Jonathan Dancy, *Introductory Material to George Berkeley's A Treatise concerning the Principles of Human Knowledge* (1998), Oxford University Press.—またハイムゼートはバークリーの世界観を「絶対的スピリチュアリズム」(absoluter Spiritualismus) という鮮明なタームで刻印する。Heinz Heimsoeth (1967) *Metaphysik der Neuzeit*, Köln S.75. (北岡武司訳『近代の形而上学』法政大学出版局、132)。
9) 『純粋理性批判』第二版序文の脚注で、「論駁」の表現修正がなされている (B XL, Anm.)。修正箇所だけを訳出すると、——「この恒常的なものは我の内なる直観などではあ

りえない。というのも、私の内に見いだされうる私の現存在の規定根拠はすべて表象であり、かかるものとしてそれ自身が表象とは区別される恒常的なものを要求するからであり、したがってこれとの関係において表象の変移が、従って、表象は時間内で変移するわけだが、その時間内の私の現存在が規定されうるからである。」

10) 『純粋理性批判』第二版序文、B XXVI ff. では以下のように述べられる。―Daß Raum und Zeit nur Formen der sinnlichen Anschauung, also nur Bedingungen der Existenz der Dinge als Erscheinungen sind, daß wir ferner keine Verstandesbegriffe, mithin auch gar keine Elemente zur Erkenntnis der Dinge haben, als sofern diesen Begriffen korrespondierende Anschauung gegeben werden kann, folglich wir von keinem Gegenstande als Dinge an sich selbst, sondern nur sofern es Objekt der sinnlichen Anschauung ist, d. i. als Erscheinung, Erkenntnis haben können, wird im analytischen Teile der Kritik bewiesen; woraus denn freilich die Einschränkung aller nur möglichen spekulativen Erkenntnis der Vernunft auf bloße Gegenstände der Erfahrung folgt. Gleichwohl wird, welches wohl gemerkt werden muß, doch dabei immer vorbehalten, daß wir ebendieselben Ggenstände auch als Dinge an sich selbst, wenngleich nicht erkennen, doch wenigstens müssen denken können. Denn sost würde der ungereimt Sats daraus folgen, daß Erscheinug ohne etwas wäre, was da erscheint.

11) 拙著（2001）「第七章　自由の可能性」『カントと形而上学』（世界思想社）、182 以下を参照されたい。

12) Gabriel Marcel (1951) *Le mystère de l'être* I, Réflexion et mystère, Aubier p.97. ―マルセルは反省を「命」の一様態と見て、より深く個体的な命が一つの次元から別次元に移りゆくための様式（une certaine façon pour la vie de passer d'un niveau à un autre）と見て、例えば『復活』の主人公ネフリュードフや『罪と罰』のラスコリーニコフが「反省」により一つのニヴォー（水準）から別のニヴォーに移行したのだという所見を述べている。ちなみに「反省」とは反射である。照明されていることの証である。

13) Friedrich Nietzsche: *Also sprach Zarathustra*, Werke in 3 Bd. 2.Bd., S.279.

14) ガブリエル・マルセル、三嶋唯義訳（1973）『形而上学日記』（原著1927）春秋社、17.

15) Fichtes Werke, hrgg. von Immanuel Herman Fichte, V.,527.

16) ebd.

第 2 部

美学的「もの」観

第5章　日露文化交流の展開における
##　　　　サンクト・ペテルブルグの役割

ナタリヤ・ボゴリューボヴァ

　サンクト・ペテルブルグは、ロシアの国際交流と政治活動の中心地である。当市は建設の過程も地理的な位置も独特であり、北に位置する首都として国際交流の基点になった。公文書や文芸作品で「北の首都」「西洋に向けられた窓」「北のベネツィア」「北のパルミラ」「世界文化の宝」と称えられたように、ペテルブルグは自他共に認める西洋化の進んだ都市である。さらに近年では、極東諸国、特に日本との交流に力を入れてきた。

　両国の交流が18世紀前半に始まったことは日露交流史上最も重要である。これに関して、1710年代にはペテルブルグで教育施設が設立され、文化交流の教育方針がすでに形成されていたのである（正教に改宗した漂流民ソーザとゴンザが、1733年に修道司祭のルカ・カナシェーヴィチと立憲民主党員ワルラム・スカムニツキーのもとに派遣されている）[1]。

　その頃、国内初のクンストカーメラ（美術品列品館）で日本文化と芸術に関わる品の蒐集が始まった。ここで初めて編纂された目録によれば、日本の品の蒐集が他の初期コレクションと同時に始まり、1714年の設立時から1742年にかけて12点の日本の品が集まっている[2]。

　19世紀初期には日露文化交流が展開し、ペテルブルグが再び特別な役割を果たした。海洋探検家で海軍将官でありロシア地理学協会の創立者でもあるクルーゼンシュテルン（1770～1846年）と、海洋探検家リシャンスキーの指揮下で日本研究のための遠征（1803～1806年）団が首都ペテルブルグから出発した。さらに同時期、雑誌『祖国の民（Сын Отечества）』や『ロシアのすぎし昔（Русская Старина）』に神秘的な日本の文化、伝統、生活に関する論文

が定期的に掲載され、読者は大きな関心を示した[3]。

19世紀中期には、ロシア帝国による極東政策活動が活発になり、アジア問題に関する特別な委員会が設立された。ちょうどこの時期、フリゲート艦パルラダ号による極東遠征が行われ、著名な政治家プチャーチンにより下田で日露通好条約が調印された。この条約を受けて、日本にロシア領事館が設立されたのである。その初代領事官はヨセフ・ゴシケヴィチ（1814～1875年）が務める一方、38人の日本大使団が1862年にペテルブルグに滞在した[4]。

この時期、ペテルブルグで日本研究の基礎が固まった。科学アカデミーアジア博物館やサンクト・ペテルブルグ大学東洋学部で研究が進み、この大学で1870年から選択科目として日本語が教えられ、1898年に日本の言語・文学研究講座が開設されたのである。そのほかペテルブルグのアジア協会、ロシア東洋学者協会、ロシア地理学協会で日本の文化、歴史、経済研究の諸問題が自立した研究テーマになった。

19世紀末、歴史上の重要な人物が日本に興味を持ち、その伝統、文化、風習をよりよく知るため日本に訪れた。1872年にはロマノフ王朝の大公アレクセイが明治天皇に表敬訪問し、1887年には大公アレクサンドルが巡洋艦ルィンダで日本に渡航し、短期滞在している。また、1896年には大公キリルが日本を公式訪問している。さらに、1890年から1891年にかけて皇太子ニコライ（在位1894～1917年）が日本旅行をしたことは最も重要である。この旅行により、さまざまな品が「ニコライによる日本コレクション」[5]に加わった。そして、旧エルミタージュの展示場やラファエッロ回廊で日本の動植物の標本や芸術作品、工芸品が展示された。この重要な展覧会により、エルミタージュは日本の品を有する特別な美術館としての地位を占めた（今後もエルミタージュのコレクションに新しい型の貴重な展示物が拡充されるだろう）[6]。

19世紀から20世紀にかけて、日本にロシア正教の宣教師が派遣されたこともペテルブルグと日本との間の文化交流の展開において重要である。この宣教師団は、サンクト・ペテルブルグ神学大学出身のニコライ・ヤポンスキー（俗名イワン・カサートキン）が率いた。日本におけるロシア正教の多様な布教活動は文化交流と宗教的交流の展開を基礎付け、長い時間をかけてその方

針を固めた[7]。

　しかしこのように活発に展開した文化交流は、日露戦争や第一次世界大戦、ロシア革命等の影響で中断された。1918年に首都としての地位と国際活動の中心的な役割を失ったペトログラード（サンクト・ペテルブルグは1914年からペトログラードに改称）は、日露交流にも消極的になったのである。

　1920年から1930年代にかけて、レニングラード（ペトログラードは1924年からレニングラードに改称）と日本との文化交流は、政府による厳しい統制のもと外国との人文・社会科学的協働という一般的な文脈において社会団体の働きによって発展した。ソヴィエト連邦と社会団体との協力により、1931年にはソヴィエト社会主義連邦共和国友好協会が設立され、1932年から日ソ文化交流協会が活動を始めた。また、全ソ連邦海外文化交流協会によって、歌舞伎の客演、「日本映画」展、日本人学生のレニングラード観光（日本人国会議員中村が引率）等さまざまな行事が催された[8]。

　世界史の流れが複雑に変わる時期も日ソ交流は続き、1924年に日本使節団はレニングラードの科学アカデミー200周年記念祝賀会に参加した。また1935年には、同所で開催された生理学学会に日本の学者加藤元一が参加している。

　第二次世界大戦の影響で日ソ交流は一時中断されたが、1940年代末には再開された。1948年に統一社会団体である日ソ友好協会の設立案が受理され、1950年代中頃には37の県で138の支社が設立された。さらに、1956年6月にはこの協会の使節団がレニングラードを公式訪問している[9]。

　ソ連時代（1922～1991年）には東洋学研究のレニングラード学派が生まれた。ニコライ・ネフスキー（Н. Невский, 1892～1937）、N. コンラド（Н. Конрад, 1891～1970）、V. ゴレグリャド（В. Горегляд）、E. ピヌウス（E. Пинус）といった国内外で著名な学者がレニングラードで研究を行っていたのである。

　20世紀中期、レニングラードでは日本の文化と伝統の研究が進み、主要な博物館のコレクションが拡充された。1957年には、エルミタージュ美術館に日本政府が300点もの日本美術工芸品を贈呈している。

1960 年から 1980 年代には、日本とレニングラードは社会団体の働きにより交流を展開した。1958 年に設立された友好協会「日ソ」のペテルブルグ支部局は、現在も活動している[10]。

また、日露交流の展開に姉妹都市協定が果たした役割は大きい。特にレニングラード（現ペテルブルグ）と大阪間の関係は現在もますます深まっている。この協定に基づき、祭り、客演、展覧会、運動会が開催された。このように、1990 年代までにペテルブルグと日本との間に多様で重要な日露交流の伝統が形成され、現在に至るのである。

1990 年代には、国際関係の体系全体の変化、民主化への移行、グローバリゼーション、ソヴィエト連邦内での政治的変化により、日露交流の展開が新しい傾向をかすかに見せた。1991 年に誕生した新政府はソヴィエト連邦の正統な後継者であると同時に、開かれた国際協力体制を持つ、新しい民主主義的原則に基づく政治を行っている。そして 1990 年代には国際文化交流の新しい基本理念が編成され、これがいくつもの文書に反映された[11]。さらに、この時期、国際協力への関心が高まり、諸都市が参加している[12]。

日本とペテルブルグとの国際協力は、日本の外交政策の基本方針を示す『外交青書』で言及されている。この『外交青書』では、2000 年初頭から独特な友好都市サンクト・ペテルブルグについて言及されている[13]。この時期、ペテルブルグで大々的な「建都 300 周年記念式典」と大規模な文化行事「2003 年日本文化祭」が開催されたのである。しかし、『外交青書』ではロシアは友好国として上位を占めていない。例えば、出身国（地域）別留学生数に関して、ロシアはアジア諸国やアメリカ合衆国を下回る第 17 位を占めている。とはいえ、新しい行政によりペテルブルグと日本との間の文化交流が活発になった。現段階での交流はその規模と多様性の面で優れ、伝統に則りながらも新しい方針と方法を示している。

1990 年代はじめにペテルブルグに設立された社会組織や施設もこの新しい方針に則している。例えば、1994 年に社会組織として大和財団 (Фонд Ямато) が設立された。現在この財団は会員約 100 人から成る。この会員には政治家、文化組織や社会組織の指導者、ペテルブルグの行政機関の職員、教育関連施設

長、文化活動家が加わっている。大和財団の活動理念は日本の伝統、習慣、文化の普及である。1999年からその代表機関が東京で活動している。この年から大和財団はさまざまな文化行事を催し、同年ロシアで将棋連盟を創立した。この連盟は2000年5月から将棋の試合を開催し、日本の伝統的な遊びを普及した。この国際的な大会にロシア、日本、アメリカから愛好家が参加している。さらに大和財団は、民俗楽器の演奏会を開催した。2003年9月、財団が所有する建物で琴の名人柳井美加奈による日本伝統音楽会が開かれている。柳井は才能ある音楽家で琴の普及者であり、箏曲は日本国内外で有名になった。そのほか、大和財団は重要な活動として18世紀から19世紀に制作された浮世絵を蒐集している。

　大和財団は海外でさまざまな行事を催し、日本側から好評を博した。その結果、2002年12月に東京支部を開設した。その場所は100年以上にわたり正教の文化的中心になっているニコライ堂（正式な名称は日本ハリストス正教会東京復活大聖堂）の近くである。財団の理念は、「ペテルブルグの国際的なイメージを良くし、普及する」ことである。この理念はロシアの主要外交文化政策に則している。大和財団は、設立されたばかりの社会団体であるにもかかわらずこの理念に則った成果を出し、さまざまな方法で日本伝統文化の普及に努めているのである。

　日本が政治、経済、文化の分野における潜在的な友好都市としてペテルブルグに関心を持ったことにより、2001年3月に日本センター（Японский центр）が開設された。日本センターの主な仕事は日本語研究に関する教育関連業務と、ロシア学に携わる有名な学者とのシンポジウムの開催である。2003年には、スラヴ研究家でありロシア文学研究家でありロシア科学アカデミー海外員である中村喜和がこの日本センターに招かれた。中村は日本国内外で権威のある学者であり、中世ロシア文学、フォークロア、日露文化交流に関する研究会も開催している。1999年にはロシア文化の普及を評して、ロマノソフ記念大金メダルが中村に授与された。中村の業績は日本でも評価が高く、2002年から一ツ橋大学の名誉教授を務めている。

　中村は、ペテルブルグの研究者やアカデミー機関と実りの多い学問的な交

流を長期に渡り続けている。中村のペテルブルグへの最初の訪問は1965年であり、ソ連科学アカデミー東洋学研究所（現ロシア科学アカデミー東洋学研究所サンクト・ペテルブルグ分院）が所蔵する日本の古書コレクションを研究した。それはペテルブルグに赴いた漂流民大黒屋光太夫による署名の解読と関わっている[14]。中村はロシア科学アカデミー・ロシア文学研究所（通称「プーシキン館」）の研究員と連絡をとりあい、古代ロシアの文献に関する翻訳の出版や研究活動の協力を得ていた。

　中村は現在も積極的に研究活動を続け、近年、次に挙げるような研究書を出版している。『聖なるロシアを求めて—旧教徒のユートピア伝説』（平凡社、1990年、同年度大佛次郎賞受賞）、『遠景のロシア—歴史と民俗の旅』（彩流社、1996年）、『聖なるロシアの流浪』（平凡社、1997年）、『ロシアの風—日露交流二200年を旅する』（風行社、2001年）、『異郷に生きる—在日ロシア人の足跡』（成文社、1〜2巻、2001〜2003年、編著者の1人が中村）『日本海にかけられた見えない橋』（サンクト・ペテルブルグ、2003年）等々は、中村の学問的関心の高さと幅広い知識を反映する有名な研究書である。

　中村はロシア文学、フォークロアの翻訳にも多大な貢献をし、アファナーシエフ編『ロシア民話集』（岩波書店、1987年）、『ロシア英雄叙事詩ブィリーナ』（平凡社、1992年）を出版した。

　1990年代から21世紀初頭に出版された中村の論文は、日露交流問題に直接関わっている。近年の訳書の中では、日本におけるロシア正教布教の歴史に関わる貴重な資料に基づく2冊の本が秀逸である。これらは、宣教師ニコライの人生と布教活動に関する本である。布教活動におけるニコライの優れた功績は今日もさまざまな国のアジア研究者の関心を強く引いている。『宣教師ニコライの日記』（北海道大学図書刊行会、1994年）『宣教師ニコライの日記抄』（北海道大学図書刊行会、2000年）はロシアの東洋学研究の不足を再び補い、今日でもロシアの研究者の関心を引いている[15]。

　そのほか、日露文化交流に関して、「日本の100冊翻訳の会」事務局長戸谷美苗がペテルブルグに招かれたことが重要である。この招待は大和財団の綱領にかなっており、今日でも財団はさまざまな教養に関わる行事を催している。

2006年だけで119件の出張セミナーが行われ、31人の研究生が参加し、そのうち10人が来日した。さらに、ペテルブルグの主要な専門家によって日本語の講義が行われた。また、エルミタージュ美術館の学芸員によって、皇太子ニコライ二世が大津市に滞在したことに関する講義「コンスタンチノフカの宮殿の宝物」が行われている。

大和財団は、現代ロシアの政治経済に関する問題にも携わり、日本の専門家による講義も開いている。その内容は、世界貿易機構の歴史、ロシアの世界貿易機構への参入の問題、日本の有名企業トヨタ、ソニーその他による品質管理問題である。これらの講義は大和財団の財政援助により日本で行われた。

大和財団のほか、エルミタージュ美術館のさまざまな活動は現在も伝統的な日露文化交流に貢献している。世界有数の規模と権威を誇るエルミタージュ美術館の展覧会は特別な意義を有している。先に触れた通り、1893年には当館ラファエッロ回廊で皇太子ニコライの日本旅行コレクションの展覧会が催され、ロシアにおける日本文化と伝統の研究に貢献した。

当館により、20世紀末期から21世紀初期の日露交流が深められた。1998年には336の展示場で根付の展覧会が初めて催された。この展覧会は当初は仮設展の予定だったが、2007年まで常設展として展示された。1991年に開催された当館コレクションの展覧会「7世紀から19世紀の日本美術」展は、社会的にも研究的にも評価された。展示を工夫することにより、来館者が日本美術と文化の伝統と発展に親しむことができたのである。また、1993年には独特な展覧会「日本現代書道」展が開催され、東京の書道協会と書道博物館から作品が出品された。日露文化交流の問題は、1995年にエルミタージュ美術館で開かれた独自の展覧会「ゴッホの浮世絵コレクションと現代日本における歌川派の伝統（歌川正国の作品）」展の中心テーマになった。その意義は巨匠の芸術作品研究を越え、今日のグローバリゼーションと統合化、21世紀の「全地球的規模の文化」の形成に一石を投じたことにある[16]。また、1997年に「国芳とその時代―19世紀の歌川派の浮世絵」展[17]が開催され、西洋文化に大きな影響を与えた巨匠の作品が展示された。

21世紀初頭、エルミタージュ美術館はペテルブルグ以外の都市や外国で展覧会を積極的に開催した。さまざまな展覧会の企画者、専門家、来館者は日本の文化や伝統芸術のテーマに従来通り高い関心を示した。2000年にエルミタージュで開かれた「カレンダー―時間の管理―」展は大きな注目を集めた。この展覧会では多様なカレンダーが展示されその中には日本の職人によって制作された絹の巻物もあった。当展覧会は独自の構想とさまざまな国に固有な伝統を示すことにより好評を博した。この諸国の伝統は、日常生活上の時間と哲学上の時間の理解に見出すことができる[18]。

エルミタージュ美術館が2003年のサンクト・ペテルブルグ建都300周年記念式典開催のために日本との文化交流行事を入念に準備し、優れた「日本の藍染」展を開催したことは記憶に新しい。この展覧会で初めて日本の藍染が紹介され、絹製の工芸品同様、広く知られるようになった[19]。

さらに、当館コレクションから成る日本とフランスの版画展「富士山からモンマルトルまで」が特に注目に値する。この展覧会は2004年12月から2005年2月にかけてロシア南西部の都市リペツクで開催された。このように開催地を広げたこと、浮世絵がフランスの芸術家に及ぼした大きな影響を明らかにしたこと、日本とフランスの文化的、政治的、経済的分野における発展の類似を明らかにしたことが当展覧会の特徴である[20]。

2006年に当館は人間国宝芹沢銈介の作品を集めた「芹沢銈介」展を開催した。さらに、世界的に有名な加藤幸兵衛の展覧会がエルミタージュ美術館の協賛で開催された。伝統的な手法に加え、シルクロードの遺産を活用した加藤の陶芸品は独特であり、東西のテーマに関わっている。

エルミタージュ美術館によって日露交流が深められ、この15年でエルミタージュ美術館コレクションによる30以上の展覧会が開催された。これらの展覧会は東京、奈良、京都、大阪、名古屋、広島などの都市で開催されている。このような活動を評し、日本政府は2007年4月29日に館長のミハイル・ピオトロフスキーに旭日重光章を授与した。日本政府の公文書には次のように記されている。「世界屈指のエルミタージュ美術館長ピオトロフスキー氏は1992年から2007年にかけて、世界的な芸術と文化の発展と向上に寄与した」。

ピオトロフスキーによって企画、運営された数々の展覧会や日本各地でのシンポジウムは、エルミタージュ美術館と日本との間の交流を深めている。また、日本でエルミタージュ美術館の展覧会に訪れた多くの日本人は、優れた芸術作品を観ることができたのである。さらに、ペテルブルグで日本の芸術作品の展覧会が開かれたことによって、ペテルブルグの住民と観光客に日本文化が広く知られた。また、ロシアにおける「日本文化祭2003年」や、日本における「ロシア文化祭2006年」の開催、ペテルブルグで毎年開かれる「日本の春祭り」はすべてピオトロフスキーの功績による。

ペテルブルグは日露文化交流に関して専門性が高く、その交流は近年、より多種多様で独特になっている。エルミタージュ美術館による文化活動もその1つであり、日本の伝統文化と新しい現代芸術に関わっている。その他、日本ではペテルブルグの伝統的な音楽やバレエが高く評価されている（例えば、ボリス・エイフマン現代バレエ劇場の巡業に合わせてニューヨーク、パリ、ソウル、ペテルブルグやモスクワまで世界中至るところに同行する熱烈なファンが大勢いる）。また、ペテルブルグ側も日本の文化、芸術、宗教的な伝統に強い関心を抱いている。

サンクト・ペテルブルグ建都300周年記念式典が開催された時に、日本から贈呈され、その後手塩にかけて育てられた桜の苗は、専門家同士の協働と日露友好関係の象徴である。この苗は現在、サンクト・ペテルブルグ大学文学部の中庭に植えられている。

日露文化交流におけるサンクト・ペテルブルグの役割を分析すると、この都市の公的な機関、大学、研究所を通じて日露交流が展開し、その基礎が確立され、日本研究が始まり、著名な政治家や文化人が二国間の交流に貢献したことがわかる。現代の文化交流において都市の役割はますます大きくなり、国際関係や政治活動の要になっていることから考えても、ペテルブルグと日本との人文社会科学の交流が将来展開することと、そのことが日露交流の展開に大きな貢献をもたらすことが期待される。

[翻訳　梶原麻奈未]

注

1) K・E・チェレフコ (1999)『17-19世紀における日露交流の始まり』モスクワ.
   Черевко К. Е. (1999) Зарождение русско-японских отношений XVII-XIX, М.
2) A・Yu・シニツゥイン (1999)『侍の装備』サンクト・ペテルブルグ.
   Синицын А. Ю. (1999) Оружие и боевое снаряжение японских самураев. СПб.
3) P・P・トペハ (1959)「日露文化交流の形成について」『東西文化交流史国際シンポジウム』東京、18.
   Топеха П. П. (1959) Об установлении культурных связей между Россией и Японией.// Международный симпозиум посвященный истории культурных контактов Востока и Запада. Токио–Киото. С.18.
4) N・Yu・クライニュク、N・A・サモイロフ、A・B・フィリッポフ (2000)「ロシアと日本」『ロシアと東洋』サンクト・ペテルブルグ、356-383.
   Крайнюк Н.Ю. Самойлов Н. А., Филиппов А. V. (2000) Россия и Япония.//Россия и Восток. СПб., С.356-383.
5) 皇太子ニコライの日本旅行には有名な科学者ドミトリー・メンデレーエフ (1834〜1907年) の息子が参加していた。その時の証言や印象を記した書簡がサンクト・ペテルブルグ大学のメンデレーエフ博物館アルヒーフ (公文書保管所) に所蔵されている。
   M・V・ウスペンスキー (2004)「皇太子ニコライの〈東洋旅行〉とサンクト・ペテルブルグの日本美術コレクション」『日本美術史論文集』サンクト・ペテルブルグ、136-143.
   Успенский М. В. (2004) «Восточное путешествие» наследника престола Николая Александровича и коллекция японского искусства Петербурга.//Из истории японского искусства. Сб.статей. СПб., С.136-143.
6) E・E・ウフトムスキー (1897)『皇太子アレクサンドルの東洋旅行 (1890-1891) によってもたらされた品に関するカタログ』第3巻、サンクト・ペテルブルグ、ライプツィヒ.
   Э.Э. Ухтомский. (1897) Каталог предметам, привезенным цесаревичем Александром из путешествия на Восток (1890-1891). С- Петербург, Лейпциг: Ф. А. Брокгауз.,Т. III.
7) アレクセイ・ボゴリューボフ (2003)「19世紀末から20世紀初頭の日本におけるロシア正教宣教師団」、準博士論文 (社会科学) の要約、サンクト・ペテルブルグ.
   Боголюбов А. М. (2003) Российская Духовная Миссия в Японии в конце XIX начале XX вв., автореф. на соискание учен. степ. канд. ист. Наук. СПб.
8) N・A・クズネツォワ、L・M・クラーギナ (1970)『ソヴィエト連邦の東洋学史 1917-1967年』モスクワ.
   Кузнецова Н. А. (1970) Кулагина Л. М. Из истории советского востоковедения. 1917-1967. М.
9) 同上.

10) E・V・イサエワ (2007)『1990年代から21世紀初頭のサンクト・ペテルブルグと極東諸国の文化交流』準博士論文（社会科学）の要約、サンクト・ペテルブルグ.

　　Исаева Е. В. (2007) Культурные контакты Санкт-Петербурга со странами Дальнего Востока в 90-е годы ХХ-начале ХХI века. Автореф. на соиск. уч. степени. канд. ист. наук. СПб.

11) 「ロシア外交文化政策」(2000)『外交通報』モスクワ、第4号、76-84.

　　Внешняя культурная политика России.//Дипломатический вестник.(2000) М., № 4. С.76-84.

　　文化、学問、教育の統一的な綱領に関するサイト.

　　«Дорожная карта» по общему пространству науки и образования, включая культурные аспекты// www.kremlin/ru

　　「ロシアと海外諸国との文化交流発展に関するロシア連邦外務省の業務基本方針」『外交通報』(2001) モスクワ、第5号、56-61.

　　Основные направления работы МИД РФ по развитию культурных связей России с зарубежными странами//Дипломатический вестник. (2001) М., № 5. С.56-61.

12) ロシア連邦憲法、基本法　1993年.

　　1999年6月24日付連邦法　№119-FЗ.「ロシア連邦の国家権力諸機関とロシア連邦構成主体の国家権力諸機関の間の管轄対象および権限の区分の整序と原則について」

　　Конституция РФ. Основной закон.1993.

　　Федеральный закон от 24 июня 1999 г. № 119-ФЗ. «О принципах и порядке разграничения предметов ведения и полномочий между органами государственной власти Российской Федерации и органами государственной власти субъектов Российской Федерации».

13) 「分野別に見た外交」『外交青書』東京、(2003、2004、2006).

　　Diplomatic Blue Book. Japan foreign policy in major diplomatic fields. Tokyo. 2003, 2004, 2006.

14) 前掲注 (4)、『ロシアと東洋』、391.

15) 前掲注 (7)、ボゴリューボフ「19世紀末から20世紀初頭の日本におけるロシア正教宣教師団」.

16) 『ゴッホの浮世絵コレクションと現代日本における歌川派の伝統（歌川正国の作品）』展カタログ (1995)、サンクト・ペテルブルグ.

　　Коллекция японской гравюры Ван Гога и традиции искусства Утагава в современной Японии（творчество Утагава Сёкоку）. Каталог выставки. (1995) СПб.

17) M・V・ウスペンスキー (1997)『19世紀の歌川派の浮世絵』エルミタージュ美術館、サンクト・ペテルブルグ.

第5章　日露文化交流の展開におけるサンクト・ペテルブルグの役割　*97*

　　　Успенский М. В.（1997）Японская гравюра XIX века. Школа Утагава. Государственный Эрмитаж. СПб..

18)　『カレンダー——時間の管理——』展カタログ（2000）、サンクト・ペテルブルグ、33-36。

　　　Календарь - хранитель времени. Каталог выставки.（2000）СПб., С.33-36.

19)　『日本の藍染』展カタログ（2003）、サンクト・ペテルブルグ.

　　　«Японская синева». Каталог выставки.（2003）СПб.

20)　『富士山からモンマルトルまで——エルミタージュコレクションの日本とフランスの版画作品——』展カタログ（2004）、サンクト・ペテルブルグ.

　　　От Фудзиямы до Монмартра. Произведения японской и французской печатной графики из собрания Государственного Эрмитажа. Каталог выставки.（2004）СПб.

第6章 エルミタージュ美術館の東アジア美術コレクションと林忠正コレクション

アレクセイ・ボゴリューボフ

　エルミタージュ美術館は世界有数の美術館であり、さまざまな国、時代、文明の芸術と文化の名品を蒐集している。当館独自の西洋美術コレクションは世界中で名高いが、当館設立後すぐにこのコレクションに東洋の芸術品と文化財が加わっている。今日、この東洋コレクションのほとんどが東分館に所蔵されている。ここでは研究活動のほか、仮設展、常設展の準備や芸術作品の鑑定が行われ、学術的な出版物や一般向けの刊行物が準備されている。

　エルミタージュ美術館の東分館には約18万の作品が展示され、その中には、絵画、彫刻、美術工芸品、宝飾工芸品のほか、礼拝や生活に関わる古代の品々や、さまざまな文字で記された史料がある。これらは、古代文明発生の時代から現代に至る東洋の非常に豊かな文化遺産である。50室以上の展示室で、古代エジプト、メソポタミア、中央アジア、コーカサス、ビザンティン、近東、東アジア、インドの文化財や芸術品のコレクションが展示されている[1]。

　この東アジア美術コレクションは18世紀末に始まった。エルミタージュの開設後、東アジアの文化と芸術に関心が高まったのである。

　まず、18世紀から20世紀初期にかけて当館で中国の美術品が蒐集された。このコレクションには最古の時代から20世紀中期までの中国の物質文化と精神文化を示す遺物や作品がある。これは当館の代表的で多様なコレクションである。

　21世紀の小規模なコレクションの中では、ノイン・ウラの民族の古代の墓で発見され、20世紀から21世紀にかけて年代が確定された中国の布や刺繍が際立っている。

第 6 章　エルミタージュ美術館の東アジア美術コレクションと林忠正コレクション

東アジアのコレクションの中では敦煌千仏洞の僧院の 5 世紀から 10 世紀の壁画の断片や塑像が最も重要である。東トルキスタン（現在中国の領土）のオアシスに沿って点在する僧院の 5 世紀から 10 世紀の遺物も極めて貴重な研究史料である。

当館コレクションには、1907 から 1909 年にピョートル・コズロフにより発掘された黒水城（カラホト）遺跡の出土品が所蔵されている。この重要な遺物は党項（タングート）族が現在の中国西北部に建国した西夏の仏画と彫刻である。

当館の美術工芸コレクションの特徴は、中国のあらゆる種類の伝統的な美術品をそろえていることである。陶器や磁器、貴金属工芸品、七宝、漆器、宝飾工芸品のほか、彫刻された宝石をあしらった極めて質の高い芸術品 1,000 点以上が所蔵されている。

伝統的な中国の絵画はわずかに所蔵されているが、その中でも、20 世紀前半の中国画の巨匠である徐悲鴻（Xu Beihong 1898～1953 年）や斉白石（Zi Bai shi 1863～1957 年）の作品が重要である。19 世紀末から 20 世紀初頭に制作された木版画「年画」は 3,000 点以上蒐集されており、その数と種類は世界第 2 位を占める[2]。

韓国美術については、主に衣装、宮廷用必需品、日用の器と儀式用の器、農耕具、手工業用の道具を所蔵している。これらは農民、都市の住民、上流階級、軍事階級といった韓国のさまざまな社会層の生活の特徴を反映している。粘土や金属で作られた伝統的な製品や釉薬による絵のついた白い磁器のコレクションは独特である。また、韓国の絵画は優美で優れている。現在、当館の学芸員は韓国の文化と美術[3]の常設展を準備している。

当館の日本美術コレクションはロシアで最大のコレクションであり、蒐集された品はおよそ 1 万点に上る[4]。

18 世紀末に初の蒐集品が日本からロシアにもたらされた。探検家ウラジーミル・アトラーソフが、モスクワのピョートル大帝の宮殿にこれを納めたのである。こうして当時モスクワで初めて日本の貨幣が紹介され、クレムリンの倉庫に長期間保管された。一方、モスクワからはさまざまな民族衣装や民衆版画が提供されている。エカテリーナ 2 世も熱心な蒐集家であり、中国から受け

取った数多くの贈呈物の中には日本の品が混じっていた。

さらに、若いロシアの外交家（西洋で学んだ、いわゆるライデン団）であるクラーキン、ユスーポフ、シェレメーチェフらが日本に大きな関心を寄せた。彼らによるコレクションは、ソヴィエト政権下のエルミタージュに所蔵された。

1854年、日本政府はアレクサンドル3世に当時日本で流通していた金貨のコレクションを贈呈した。

1890年から1991年に皇太子ニコライが東洋旅行をし、日本に訪れたことは政治的にも、文化的にも、日露交流史の上でも重要な出来事である[5]。

その後、当館東アジア美術コレクションは競売参加や個人の寄付、さらに政府の寄贈により、長い時間をかけて拡充された。

当館における日本の美術品と文化的な品のコレクションは、主に伝統文化が最後に開花した江戸時代の作品であり、その内容も多種多様である。当館は1500点の浮世絵版画を所蔵している。その中には18世紀中期から20世紀に至る有名な絵師（鈴木春信、国芳、その他）の作品がある。さらに、数は少ないが、貴重な絵画が所蔵されている。

当館の日本部所蔵品の中で最も貴重なコレクションは根付である。17世紀から19世紀のごく小さな彫刻である根付が1,000点以上あり、あらゆる重要な工房で制作された根付や、主要な彫物師によって制作された根付や、特徴的な主題の根付がすべて代表されている。工芸品のコレクションでは刀剣（刃、鍔、目貫等々）のほか、陶器や磁器が2,000点以上ある。また、14世紀から20世紀の漆器のほか、布地や衣装も蒐集されている。

現代の日本美術コレクションは、20世紀後半に大きく拡充された。第二次世界大戦の終結と総括に伴い、林忠正（1853～1906年）、エルンスト・グロッセ（Ernst Grosse 1862～1927年）、オットー・キュンメル（Otto Kümmel 1874～1952年）らによって蒐集されていたプロイセン王立博物館所蔵の最上の名品がエルミタージュのコレクションに加わったためである。この3人のコレクターによって日本の芸術と文化が西洋で広まった[6]。

ドイツの日本研究史上、1873年のウィーン万博が重要な契機になった。展示には漆塗りの棚、仏壇、能面、浮世絵、絵巻の名品が幅広く展示された。そ

の準備は著名な蒐集家林忠正が行っている。その後、日本の美術品は1878年のパリ万博で展示された。この展示は成功を収め、神秘的な東洋の国日本の文化と芸術が注目を集め、西洋における日本研究が進んだ。西洋の芸術家が日本独自の美術と民族芸術に関心を持ち、その手法、様式の影響を受けたことはいうまでもない。

　先に挙げたように、日本と西洋の交流に大きな役割を果たしたのが、日本美術の蒐集家であり、普及者であり、目利きである林忠正である。林は医師の父親の次男として生まれ、東京大学で高度な教育を受けた。彼はこの優れた教養を西洋でさらに幅広く高めた。林は1878年にまずパリに訪れた。当時のパリは西洋文化の中心であり、他の西洋諸国の芸術に影響を及ぼしていた。ここで林は大勢の観衆に浮世絵を紹介し、日本美術の普及を始めたのである。

　その後1894年に林は刀の鍔のコレクションのカタログを編集した。これは日本美術に詳しい人や愛好者の間で反響を呼び、その後長い間、西洋人にとって非常に興味深く、詳細で貴重な研究資料となった。

　当時の関係者の証言によれば、林は審美眼に秀で、鋭い勘を持ち、日本文化と芸術の本質を見抜く資質を有していた。林はパリ万博で6世紀から13世紀の巨匠の作品の全容を示したが、その展示品はすべて最上の名品であり、日本文化の特徴と発展を完全に明らかにした。これにより、当時の西洋の大衆が日本独自の伝統について初めて実質的に知ることができたのである。

　しかし、西洋でのオークションは期待通りの結果にはならず、林が提示した売値は業界でしばしば疑いをもって見られた（例えば、1901、1902、1903年のパリのオークションがそうだった）。それにもかかわらず多くの品が購入され、その結果、西洋に

図6-1　林忠正
出所：Herbert Butz (2006), 21.

図6-2　エルンスト・グロッセ
出所：Herbert Butz (2006), 19.

図6-3 オットー・キュンメル
出所：Herbert Butz (2006), 72.

図6-4 ヴィルヘルム・
フォン・ボーデ
出所：Wilhelm von Bode
(1997), Abb.1

おける日本コレクションが始まったのである。

　財政状況が悪化したため、1905年、林は友人グロッセの仲介により、自分のコレクションをプロイセン王立博物館館長ヴィルヘルム・フォン・ボーデ（Wilhelm von Bode 1845〜1929年）にやむなく売り渡した。この後林は日本に戻り、1906年に没した[7]。

　林の死後、未亡人がコレクションの一部を日本で売り渡した。その買い手は日本美術に精通したドイツの蒐集家、グロッセとキュンメルである。彼らが購入した品物の中には、1279年から1368年に中国で流通した貨幣である「元」が5枚、12世紀から14世紀に制作された日本画22点、阿弥陀像1点、雪村（1504〜1589年）の山水画1点、狩野派の作品4点、尾形光琳（1658〜1716年）の作品1点があった。

　その後、グロッセとキュンメルは日本に数年間滞在し、日本の巨匠の作品や物質文化の品々をプロイセン王立博物館のために購入し、有名な民間の蒐集家と知り合いになった。この時期グロッセは、個人的な蒐集も行っている。

　1911年、キュンメルは祖国ドイツに帰国し、東洋諸国の芸術と文化に関する一連の研究書を出版し、1912年にはドイツ初の東洋美術雑誌を創刊した。キュンメルの研究は、ヨーロッパにおける東洋学に大きな影響を与えた。さらに、彼はベルリンで東洋文化に関する大規模な展覧会を開いた。この時の展示品は1,000点を超える。しかしこのような活発で学術的な活動は第一次世界大戦により中断され、キュンメルは長期間軍務についた。

　その後、1929年にキュンメルは中国美術の展覧会を開いた。これはヨーロッパで初めて開かれた非常に印象深い展覧会であり、さまざまな時代、流派、主題、様式、形式を代表する作品が展示された。この展覧会のために学問的価値の高いカタログが特別に準備されている。

1939年の第二次世界大戦勃発直前には、キュンメルは大規模な日本美術展を再び開催することを計画していた。

戦後、キュンメルはベルリン大学東洋美術史の教授として主に教育活動を行い、さらに民族博物館と東アジア美術館の館長を数年間務め、1934年からプロイセン国立博物館館長に就任した。

このように林忠正の功績により、日本文化を真に評価するヨーロッパ人が現れ、独自の質の高いコレクションが形成され、それがドイツの博物館におけるコレクションの基礎になったのである[8]。

しかし、第二次世界大戦以前のベルリン国立博物館の東アジア美術コレクションを分析すると、20世紀前半は、蒐集家による贈呈品もコレクシュンに加わっていることがわかる。例えば1921年には在ベルリン日本大使によってプロイセン国立博物館に日本美術が贈られている。このようにして日本美術のドイツコレクションは、西洋において非常に重要で多種多様なコレクションになったのである。

第二次世界大戦に巻き込まれたあらゆる国は深刻な損失を受け、世界遺産的な貴重な文化財や美術品を失った。ロシア国内でも聖堂が破壊され、珍しい遺物が失われ、美術館コレクションが被害を受けた。周知のように、ロシアでは第二次世界大戦によって3,000の都市が破壊され、ソヴィエト連邦が有する総数992の博物館のうち、427の博物館が略奪された。1,670の教会、532のシナゴーグ、237のカトリックの教会、これら合計2,439の宗教的な建築物が破壊され損傷を受けたほか、258の修道院や神学校が破壊された。さらに、1億8,000万の本と1万3,000の楽器が散逸した。また73の主要な博物館が所蔵する56万5,000点以上の展示物が破壊され、散逸した。正確な数を把握することは難しいが、ソヴィエト社会主義共和国連邦の博物館の所蔵品のうち、合計で76万3,000点以上の展示物が紛失した。100以上の地方の博物館や郷土博物館の損失を加えれば、この数はさらに増える。これらは完全に破壊されたうえ、その目録も残されていないため、正確な数は不明である。ロシア・ソヴィエト連邦社会主義共和国内では約95％の本、約60％のアルヒーフ（公文書館）、約50％の博物館のコレクションが破壊され、20万点以上の展示物が失われた。

その損失総額は約1兆3,000億ドルにのぼる[9]。

　第二次世界大戦の終結に伴い、ベルリン国立博物館の東洋美術コレクションの一部がロシアにもたらされたが、その多くはドイツの美術コレクションに返還された。戦時中不法に海外に渡った文化財の返還手続きは今日まで続いているが、非常に複雑で慎重さを要するため、政府の高官の間で示談にされている。1990年代以降のロシアでは、ロシアの主要な博物館に長期間保管されていた戦利品コレクションの研究が盛んになった。その延長線上にあるのがベルリン東洋美術館（1987年に設立）の東洋美術コレクションの体系的な目録作成である。2008年12月9日にはエルミタージュ美術館の展示室で、ドイツ戦利品コレクションから成る「敦煌千仏洞」展が開かれた。

　現在エルミタージュ美術館の展示室で「日本の文化と美術」展の常設展が準備され、2009年7月に開催を予定している。この展覧会では、ベルリン東洋美術館からもたらされた戦利品コレクションが展示される予定である。当展覧会は、日本の伝統、精神文化と物質文化を紹介し、多種多様な美術、優れた流派による作品、舞台装置を展示するほか、信仰、生活様式、習慣、文学遺産を反映する絵巻を展示する予定である。その中でも、有名な流派の職人によって制作された屏風は林忠正コレクションの一部であり、極めて重要である。さらに当館では初めてのことだが、能面や舞台装置といった伝統美術が幅広く展示される。当展覧会により日露文化交流が展開し、日本の豊かな文化が普及されるだろう。

［翻訳　梶原麻奈未］

注
1)　『国立エルミタージュ美術館　コレクションの歴史』(1999) サンクト・ペテルブルグ、25-26.
　　Государственный Эрмитаж. История коллекций. (1999) СПб., С.25-26.
2)　同上。
3)　同上。
4)　M・ウスペンスキー (2005)『日本の品のコレクション史』サンクト・ペテルブルグ.
　　Успенский М. (2005) История японских коллекций. СПб.
5)　N・Yu・クライニュク、N・A・サモイロフ、A・V・フィリッポフ (2000)「ロシアと

日本」『ロシアと東洋』サンクト・ペテルブルグ、384-428.

　　Крайнюк Н. Ю., Самойлов Н. А., Филиппов А. В.（2000）Россия и Япония.//Россия и Восток. СПб., С.384-428.

6）ヴィルフガンク・クローゼ（2000.10）「オットー・キュンメルと西洋における東アジア美術史学の発展」『オリエンテーション』、113-117.

　　Wjlfgang Klose. Otto Kummel and Development of East Asian Art Scholarship in Europe.//Orientations/October 2000.

7）Segi Shinichi. Hayashi Tadamasa. Bridge Between the Fine Arts of the East and West.//Symposium paper published in Japonisme in Art. Tokyo. 1980.

8）同上．.

9）「ニュルンベルグ国際裁判におけるソヴィエト社会主義連邦共和国の主要な論告」『ニュルンベルグ国際裁判資料集』（1954）モスクワ、第1巻、258.

　　Выступление главного обвинителя от СССР на Нюрнбергском процессе.//Нюрнбергский процесс. Сборник Материалов.（1954）М. Т.1 1954, С.258.

　　М・ボグスラフスキー（2005）『国際流通における文化的価値—法的な見解から—』モスクワ、234.

　　Богуславский М.（2005）Культурные ценности в международном обороте: правовые аспекты. М. С.234.

訳注

　　ベルリンの博物館は時代別に「プロイセン王立博物館」「プロイセン国立博物館」「ベルリン国立博物館」「ベルリン東洋美術館」と訳した。訳に当たり、次の資料2点を参考にした。

　　ヴィルバルト・ファイト著、岡和子訳（1991）「ベルリン東洋美術館・その歴史とコレクション」『ベルリン東洋美術館名品展』京都国立博物館、ベルリン東洋美術館、毎日放送編、ホワイトPR、12-15（原文16-19）.

　　ギュンター・シャーデ著、勝國興訳（1987）「ベルリンの美術館島の歴史的発展」『ベルリン美術館—その歴史とコレクション』岩波書店、8-39.

図版出所

Herbert Butz（2006）*Wege und Wandel: 100 Jahre Museum für Ostasiatische Kunst*, Berlin.

Wilhelm von Bode（1997）*Mein Leben*, I Textband, Berlin.

第7章　20世紀初頭のロシアにおける「ジャポニスム」
―P. クズネツォフ「日本の版画のある静物」（1912年）を中心として―

福間加容

1. はじめに

「ジャポニスム」とは、「日本美術の造形的特質を自分の作品のうちに創造的に生かす態度のこと」を言い、19世紀後半から20世紀初頭にかけてヨーロッパで大流行した[1]。そのジャポニスムがヨーロッパからロシアに入ってきたのは、19世紀末のことである。ロシア革命前夜、「日本に心酔したロシアの文化人たちは、日本のイメージを好ましいものとするために、ロシア社会の中で力を尽くしてきた。そして、このような日本のイメージは、1904年から1905年の戦争に際しても、決して揺るがされることはなかった」とされる[2]。しかしロシア美術史には「ジャポニスム」という用語がない[3]。ソ連時代には、ロシア美術の作品に見られる日本美術のモチーフや様式は、日本美術の影響と意識、意図されることなしに同時代のヨーロッパ美術として受容されたため、日本美術はロシア美術の創造活動には本質的影響は与えなかったとされた[4]。というのも、図像学的分析のみでは、ジャポニスム影響が必至だった同時代のヨーロッパ美術からの影響と、日本美術の直接的影響との識別は不可能だからである。他方、近年ロシアの文化史研究において、この問題について日露戦争勃発という当時の社会背景を重視し、後述する本論の知見と関わる興味深い指摘が行われている。すなわちロシアのインテリゲンツィアは、ジャポニスムに由来する日本文化への憧れの眼差しと、日露戦争と同時代の黄禍論から来る侮蔑の眼差しからなる日本に対する二重の眼差しを有していたことである[5]。モロジャコフによると、日露戦争はあらゆる「日本的なもの」に対する愛好を誘引したが、「日のイメージ」はすぐに「失われた楽

園」と「黄禍論」とに二分し、それが共存していた[6]。また彼は、当時の思想史家 V. ソロヴィヨフには、肯定的、否定的の二種類の「東」のイメージがあり、それがソロヴィヨフを崇拝した新世代の象徴主義者たちに影響したと、本章に関わる重要な指摘を行っている[7]。ロシアの文学、演劇、音楽や美術等ほぼ全文化的現象における日本趣味の影響を分析したバートレットも日露戦争が影響してロシアの知識人が日本に対する憧れと侮蔑の相反する視線を同時に共有していたことを指摘している[8]。しかし美術については、いずれの先行研究も、ヨーロッパからの影響で日本美術が流行したことや、後述する日本美術展が催されたことを述べるにとどまり、先行研究の域を出るものではない。邦文の先行研究を見ると、この問題に関する最初の研究である遠藤氏の論文にはロシア語文献の参照が無く、著者がことわる通り断片的な概観にとどまっている[9]。一方で遠藤氏は、1920年代に「他国民支配下にあった中欧地域では、小国が独自の文化を開花させ、それが列強諸国の文化への並々ならぬ影響を及ぼすことができるのだという実例だと受け取られた」という専門の中欧におけるジャポニスムについて本論と関連する次の興味深い指摘を行っている[10]。本章が対象とする19世紀から20世紀初頭のロシアと中欧諸国とでは歴史的社会的文化的状況がまったく異なっているため、同じ俎上で両者を論じることは不可能とはいえ、本章の知見にかかわりのある指摘として留意される。他方上野理恵氏の研究は、美術作品を多数提示しながらロシアにおける日本美術の影響、ジャポニスムの流行について最も専門的に詳細に紹介している[11]。上野氏は、ネオ・プリミティヴィスムを唱導したラリオーノフとゴンチャロワが「西」のヨーロッパではなく、「東」の芸術に自らの源泉を見出したことについて、ヨーロッパにおけるジャポニスムの影響を受けてのことであろうとの重要な指摘を行っており、後述するが筆者も賛同するものである。しかし、上述のいずれの先行研究も、日本美術は同時代のヨーロッパ美術として受容されたが、ロシア独自の日本美術の受容は無かったとするこれまでの定説を覆すものではない。

これに対して筆者は、拙論「20世紀初頭のロシアにおける日本美術の受容―ジャポニスムの意味―」において、20世紀初頭のロシア美術に対し日本美

術は本質的な影響を与えたことを指摘した。後述するようにヨーロッパから流入してきたジャポニスムは、日露戦争と当時の知識人たちが心酔した新世代の象徴主義思想という特殊な状況下で独自の受容をされた。本稿の目的は、新史料を補足して、拙論で未熟または不正確であった部分を修正、かつ発展させ[12]、ロシアにおける日本美術の受容のあり方はヨーロッパのジャポニスムとはまったく異なる様相を呈していたことを明らかにすることにある。本節に続く第2節では、帝政末期のロシアにおける日本美術の影響が見られる絵画について考察し、日本美術からモチーフを借用した唯一のロシア絵画であるP.クズネツォフの「日本の版画のある静物」（1912年）について注目する。第3節では、19世紀末にジャポニスムが受容される前提として、18世紀のロシアにおける日本文化に対する眼差しについて考察する。第4節では、1896年から1907年の間にロシアで催された4回の日本美術展を再構成し、先行研究の限界を打破する新たな視点として、当時ロシアのインテリゲンツィアの間を席巻していた象徴主義思想に注目して日本美術に対する言説の分析を行う。第5節の結論では、第4節で得た新知見に基づき、未だ定説となる解釈のないP.クズネツォフ「日本の版画のある静物」を分析し新たな解釈を試みると同時に、ロシアにおけるジャポニスムがロシア象徴主義新世代の思想によって解釈され、アヴァンギャルド芸術の誕生に深く関与していた可能性を明らかにする。ロシアの画家たちは、謂ば日本美術を梃子にして「東」と「西」統べる芸術の創造という使命をロシア美術に見いだしたのである。

2. 日本美術の影響が見られるロシア絵画
― P.クズネツォフ「日本の版画のある静物」（1912年）―

これまでロシア美術のどんな作品がジャポニスムあるいは日本美術の影響が指摘されてきたのだろうか。（図7-1）は19世紀末ロシアの代表的な挿絵画家のビリービンの挿絵、（図7-2）はその図像源とされる北斎の版画である。北斎の波のモチーフとフォルムは、他の世紀末の代表的な版画家オストロウーモワ・レベジェワの作品においても、また代表的なロシア象徴主義の画家ヴ

第7章　20世紀初頭のロシアにおける「ジャポニスム」―P.クズネツォフ「日本の版画のある静物」(1912年)を中心として―　109

図7-1　「サルタン王物語」挿絵

図7-2　《富嶽百景》二編9丁より「海上の不二」

110　第2部　美学的「もの」観

図7-3　《波》

図7-4　装飾皿《サトコ》

ルーベリのマジョルカ焼の作品にも指摘されている（図7-3、図7-4）。当時の代表的な戦争画家ベレシチャーギンは、トルコなど遠征先や旅行先のカフカスやインドなどのエギゾチックな風物を写実的に描いたが、1903年、実際に日本を訪れ、その風物を油彩画で描いた（図7-5、図7-6）。彼は翌1904年2月日露戦争が勃発すると志願して従軍するが、乗り組んだ戦艦ペトロハバロフスクが日本軍の機雷で爆沈され戦死した。日本の若い良家の女性を描いたこの絵は、はっきりした美しい顔立ちが写実的に描かれている一方で、菊や着物の豪華絢爛さにオリエンタリズムの眼差しが感じられる。同様に日光の神社を写実的作風で描いた作品も東方的で豪華な装飾が主眼であろう。

図7-5 《日本の娘》

他方、次の「船遊び」という絵には、断ち切られた構図、複数の芸者、船遊びというモチーフにおいて、印象主義を介した日本美術の間接的影響、すなわち

図7-6 《日光の神社》

112　第2部　美学的「もの」観

図7-7　《舟遊び》

図7-8　《舟遊び　画家マリヤ・ヤクンチコワと自分の肖像》

ヨーロッパのジャポニスムの影響が強く見られる（図7-7）。作風も写実主義的ではなく、簡略的で平面的である。19世紀末から20世紀初頭に活躍したロシアの代表的な印象主義の画家コロヴィンも、船遊びを主題に作品を描いている（図7-8）。同じ主題のモネの作品と比べてみると、図像学的には日本美術は同時代のヨーロッパ美術としてロシアに受容されたという先行研究の定説は動かしようがないように思われる（図7-9、図7-10）。

ここで、ロシア絵画で唯一日本美術から借用したモチーフが描かれている作品、P.クズネツォフ（サラトフ1878〜1968年モスクワ）の「日本の版画のある静物」（1912）に注目したい（図7-11）。クズネツォフは、20世紀初頭のロシアを席巻した象徴主義美術新

第7章　20世紀初頭のロシアにおける「ジャポニスム」—P.クズネツォフ「日本の版画のある静物」(1912年) を中心として—　113

図7-9　《ギヴェルニーの水辺で》

図7-10　《舟遊びする若い女性》

114 第2部 美学的「もの」観

図7-11 《日本の版画のある静物》

図7-12 《日本の版画のある静物》

世代のグループ「青薔薇」のリーダーだった。この作品に注目する理由は第1に、日本美術から借用したモチーフを描いた唯一のロシア絵画であることである。第2に、作品が描かれた1910年代初めは、アクメイズム、未来派などの新しい芸術流派が興隆した時期であり、クズネツォフも「青薔薇」時代の様式を捨て、ネオ・プリミティヴィスムのスタイルに変わる。この作品はその初期の代表的作品のなかの1枚である。第3に、ゴーガンに同名の作品があり、クズネツォフは1906年ディアギレフに連れられて初めてパリに行ったときにそれを見たと思われることである（図7-12）。20世紀初頭のロシアでは、ゴーガン、マチス、ゴッホへの高い関心が見られ、S. モロゾフなどのモスクワの有力な大商人たちが競ってそれらの収集を行っていた。

「日本の版画のある静物」（1912年）には、そのテーマだけでなく個々のモチーフの解釈ついても定説が未だない。「日本の版画のある静物」の先行研究について見ると、1910年代から始まる「ステップ・シリーズ」と呼ばれる、クズネツォフの主たる画業とされる東方主題の作品群のなかの代表的な1枚として、またクズネツォフのジャポニスム愛好から生まれた作品としてこの絵は位置付けられている[13]。またこの作品は、同じく1910年代に集中して描かれた静物画群にもカテゴライズされる。1910年代のクズネツォフの様式には、中世のロシア・イコンの影響が指摘されている[14]。他方、「ステップ・シリーズ」についてはゴーガンの強い影響が指摘されており[15]、この絵についてもニコラエワがゴーガンを通じたヨーロッパのジャポニスムの影響を認めている[16]。しかし、ニコラエワの言うところのジャポニスムの影響、すなわち日本の版画を介してクズネツォフが行った「フランスの画家たちとの自由な対話」とは何だったのか、「世界の調和を思索するオリエンタルで詩的観照」とは具体的に何なのかは明らかでない。また、ボリソフ・ムサートフから継承したリズミカルな構図で調和的世界観を再現する点で、クズネツォフの芸術は日本美術と関係するという彼女の見解も可能性の指摘でしかない。他方ジャコノワは、日本の版画というモチーフは時代の新しい価値観を敏感に感じ取ったものであり、偶然の選択ではなく、この作品は日本と日本美術についての新しい知見であると述べている[17]。しかし、なぜ歌麿の美人図を図像源に選んだ

のか、画家は何を日本美術に新たに発見したのかは述べていない。先行研究によるこの作品の解釈は根拠を欠いており、一般的な日本に対する印象や異国趣味に由来しているように思われる。また、図像学的分析によるだけでは個々のモチーフや色彩の問題が未解決であり、何よりも主題が不明なままである。

「ステップ・シリーズ」ではくり返し次のモチーフ、すなわち高い天球、羊やらくだがいる広大なステップ、羊、らくだ、オアシス、遊牧民のテント、そして複数あるいは単身の女性像が描かれる（図7-13）。しかし、これらのモチーフから成るキルギスの風景は、実景の再現ではない。ここでは「東方の女性」「東方の自然」という記号化、一般化が行われている。これらの女性像は肖像性がなく、一様に、面長、ひき目、鉤鼻で、ヴォリュームを欠いた身体に流線的な一枚布の衣装をまとっている。

他方、同じ1910年代にクズネツォフが多数製作した静物画群には、花壺、あるいは壺、花、果物、ナイフ、鉢植えの植物、盆、六角形の茶椀や急須、小物の置物などのモチーフがくり返し描かれる。後景は町並みの風景だったり、机や背景の壁がペルシャ絨毯の模様のような植物紋様だったりする場合もある。主たる色調は作品によって違っている。

図7-13 ステップの蜃気楼

これらの2つの作品群の中にありながら、日本の版画が主要モチーフであるこの作品は特殊である。題名にも日本の版画と明記してある点から考えても、ジャコノワの言うとおりこの作品は画家の日本美術、日本へ対してのある理解を示していると思われる。また、ニコラエワの言うとおり同時代のフランスの画家たちに対する画家の自己表明かもしれない。クズネツォフのこの静物画は、ヨーロッパ美術の伝統的な静物画に伝統的なモチーフである花壺や花、果物を用いながら、他方で新しいモチーフである東方的な模様のテーブルクロス、風景や花が描かれたイコンのように掲げられた盆、そして日本の版画を描き、新しい様式で新しい思想を語った可能性が高い[18]。この絵を読み解くためには、「日本の版画」が象徴する日本美術が20世紀初頭のロシアの画家クズネツォフにとってどんな意味があったのか探る必要があろう。

3. 18世紀における日本文化の紹介

18世紀のロシアの美術アカデミーにおいては、日本人は「驚異の部屋」にコレクションされる人類学的民俗学的関心の対象だった。日本の美術品である陶磁器類は貴族たちの間で贈り物として交わされていたが、中国や朝鮮の陶磁器との違いはまったく意識されていなかった。珍奇なものを記録し分類し所有する宗主国的視線は、複数の日本人男性の頭部を素描した（図7-14）を見ても明らかであろう。お辞儀という風習も関心を引いたようである（図7-15）。1739年12月美術アカデミーは、デミヤン・ポモルツェフという日本人が死んだ際、その模写を指示している[19]。彼は、その6年前カムチャッカ半島からペテルブルグに送られて正教に改宗した2人の日本人のうちの1人である。船が難破しロシアに漂着した日本人たちは、ピョートル1世を嚆矢として、勅令でもってロシアの日本語学校教師として篤く迎えられていた[20]。もう1人はコジマ・シュルツェフという名でデミヤン・ポモルツェフより前に死んでおり、美術アカデミーでブルッケルという画家から同様に模写されている。アカデミーは、さらに彫刻家コンラッド・オスネルに蝋で型取りを命じている。また美術アカデミーは、ロバや鹿とともに日本人、満州人、キルギス人、カルム

118　第2部　美学的「もの」観

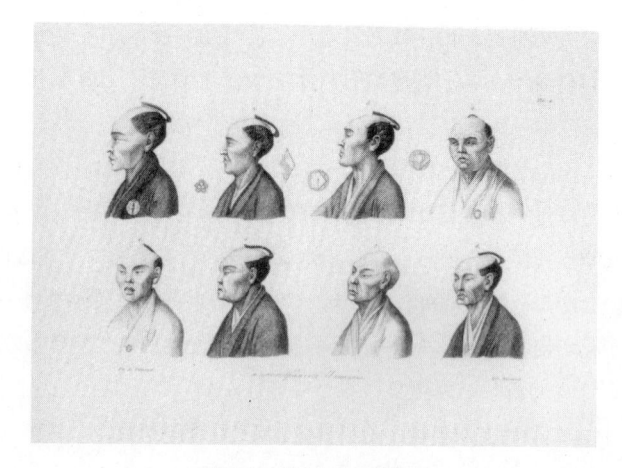

図7-14　《日本人の容貌》

図7-15　《日本人のあいさつの仕方》

イック人その他の民族の夫婦像や、インド人、中国人、モンゴル人と日本人の武装した槍兵の模写を命じていた。日本は、ロシア帝国にとって分析調査収集すべき後れたアジアの劣った人種が住む未開の周辺国だったと思われる。

　しかし19世紀末になると、日本の芸術や文化に関する雑誌・新聞記事が現れ、物珍しさや文化人類学的興味だけではく、高尚な「文化」としての認識が見られるようになる。日本美術に関する最初の記事は、1882年に『歴史報知』に15枚の挿絵入りで掲載された[21]。挿絵は、植物や小鳥の絵、生け花など自然の事物と、皿や鉢など工芸品だった。本文では、魚や鳥のモチーフ、龍、キリン、鳳凰が描かれる日本の絵には優れた自然の観照から生まれた独自の写実性があることが記されている。また種々の陶器の他、偉人や七福神など神々の絵について自然をモチーフにした紋様について紹介され、日本の美術を知れば知るほど、植物や動物から採ったもっとも単純な主題さえ、明確なイデアや高度のエンブレム的意味を有していることが分かり、装飾の分野だけで絵や色彩についても興味深い芸術であると評されている。1885年の記事では、美術について述べる前に人類学的な日本人分析を加え、宗教と文化、歴史が詳しく紹介されている[22]。また北斎がデューラーにたとえられ、最高の画家であると評され、日本美術が印象派の明るい画面に影響したことがすでに言及されている。そして日本美術は、自然の中で人間の地位を低めることにより、歓喜に満ちた自由な自然崇拝へと導く非常に賢明な美術であると結論づけられている。1891年には、ヨーロッパでのジャポニスムの大流行が紹介されている[23]。即ち、最高度の美的感覚をもつ日本美術は他の東アジア美術とは異なっており、表層的流行ではなく、現代ヨーロッパの美術にすでに強い影響を与えた。長らくマンネリズムに陥り苦しんでいたヨーロッパ美術にとって、古代のギリシャ人たちのそれのように感じられた日本美術の特質とは、非常に美的なフォルム、ナイーブさ、究極の洗練度、高尚さ、豊かな想像力、正確で生き生きし繊細な観察力、繊細なユーモア、日本の民衆のもつ鋭敏な感覚である。鳥瞰図、前景の誇張、細部を描き込まずにフォルムを提示すること、色彩の重要さなどはすべて日本美術からヨーロッパ美術が導入したものである。そして、現代ヨーロッパにおける輝かしい芸術潮流は日本美術の影響に負っており、その

衝撃はルネサンス芸術における古代ギリシャの影響に比せられる。このようにヨーロッパのジャポニスムに由来する日本美術への高い文化的評価は、19世紀末にロシアに入ってきた。1893年パリでの日本美術展を報告した記事には、歌麿や広重が紹介されている[24]。

18世紀にカムチャッカ沖の東から日本人を連れてきて民俗学的人類学的知識を直接得たときとは違い、19世紀末、高度な文化としての日本美術が流行し、印象主義が誕生した後のヨーロッパを経由してロシアに流入したことは重要である。

4. 帝政期ロシアにおける日本美術展

1896年から1907年の間に、日本美術展はロシアで4回催されている。1896年、ロシア最初の日本美術展が催された。展覧会は、まずペテルブルグの美術アカデミーで12月1日から開催され、次にモスクワに移り、翌年1897年2月1日から歴史博物館で開催された[25]。展覧会は絵画、エチュード、版画の3部から成っていた[26]。主催者はキターエフという海軍将校で、大量の日本美術を収集しており、展覧会はそのコレクションから構成されていた[27]。この展覧会で、初めて日本美術は不特定多数のロシア人の目に広く触れることになった。展覧会の批評の主旨は、西ヨーロッパではフランスが文化の中心地であるのに対し、日本は東におけるもっとも文化的な国であること、日本は偉大な中国文化圏から数世紀前に脱し、独自の美術を発達させ、独自の高い文化を創ったこと、あらゆる階層の人々が美術を楽しみ、収集しており、美術が生活の一部となっていること、日本美術がフランスをはじめとするヨーロッパ諸国で熱烈に愛好されていること、そして日本への特別な関心がヨーロッパにあることである。後年、ホイッスラーの弟子でもあった、銀の時代の代表的な版画家オストロウーモワ・レベジェワは展覧会を見て感激したと回想している[28]。

しかし、『ビルジェヴィエ・ヴェドモスチ』紙の記事「天才的な子供（日本美術展）」には異なる調子の感想が書かれている。日本美術の特徴は「素晴ら

しい女性的な趣味」「柔らかで軽やかな描線」「柔らかな輪郭」「敏感さ」「豊かな表情表現、繊細な観察」「デッサンの不完全性」にあり、それが子どもっぽいと見なされている[29]。さらに『ニヴァ』誌では、ロシア人たちの違和感が率直に書かれている。即ち日本美術展は、ロシアの人々が知っている展覧会とは似ても似つかぬものであり、額縁に入った独立した絵というものがない。18世紀からロシア人にお馴染みの茶箱の中国や日本の絵に見られる、たいしたことのない絵に非常に似た絵が展示されている。日本の画家達の主たる仕事は挿絵であり、同時代のロシアの画家達が探究していることを日本の画家に求めようとするのは無駄である[30]。その後、『ニヴァ』誌は展示作品から8枚を挿絵に挙げ短い解説を付しているが、北斎の絵と並び、終わってからまだ間もない日清戦争を描いた戦争画が展示されていたことが留意される[31]。それまで日本美術についてまったく知らなかったロシアの一般観衆に、ヨーロッパ美術とは異質な日本美術を初めて見て違和感があっても不思議ではない。(図7-16)は当時のお菓子の包装紙だが、これとあまり変わらないものが美術品として展示されていると感じられたのではないだろうか。ヨーロッパのジャポニスムの影響で、お茶やタバコの包装紙のこのような絵柄は一般的だった。

このロシア最初の展覧会を実際に見た日本人がいる。読売新聞(明治30年

図7-16　M・ゴンラート製菓のお菓子の包装紙

2月12日、13日、14日付）に彼の連載記事が展覧会での見聞のデッサン入りで3日にわたって掲載されている（図7-17、図7-18）[32]。それによると、良い絵はあるものの全紙サイズのものは数枚しかなく、半切れの紙に描かれた絵が大部分であり、展覧会場が立派なのに対して展示は貧相なものだったようだ。記者は次のように嘆息している。すなわち、一個人、しかも軍人が収集したということはすばらしいが、偽物も多い。錦絵は古いものがほとんどなく、東京の街頭の絵草子店のようであり戦争画が多い。ロシア人はと言えば、素晴らしい作品があるにもかかわらず興味を示さず素通りする。他方、本来は付属物である風俗写真が人気で、特に上半身半裸で体を洗う芸妓娼妓処女が特に人気である。それも身体の曲線を見るのではなく、「ただ異邦人の身体肌膚いかなるものぞとの好奇心より来たりなるべし」だという。

　吉田千鶴子氏は、この記事を書いた人物は林忠正ではないかと推測している。この展覧会が開催された1896年の冬、林忠正はペテルブルグを訪れているのでその可能性は高いと言えよう。詳細は分かっていないが、林忠正は石油

図7-17　露京聖波得穂堡における日本畫展覧会

図7-18　露京聖波得穂堡における日本畫展覧会

事業に関心を持ち、日本最初の民間友好団体「日露実業協会」の発起人であり、ロシア石油を輸入していた浅野総一郎と一緒にヨーロッパを巡ってロシアまで行き、ロシア語の通訳官だった福田直彦も加わり、現地の子供たちと一緒に写真を撮っている[33]。

ロシアで、フランスの印象主義絵画がそれまで知識としては入ってきていても、初めて展示されたのは1898年になってのことであり、絵画に親しむような一般の人々がフランスの印象主義を知るのは20世紀になってからである。1897年の時点では、日本美術が印象主義に影響したと記事で読んでいたとしても、彼らにとって解剖学や遠近法などのヨーロッパの美術のアカデミックな基礎がない日本美術は、ロシア人には遅れた稚拙な児戯に等しいものに見えたことは想像に難くない。2月13日付の記事には、最も人気があった絵として北斎の素描が掲載されている(図7-19)。この記者は人気の理由として、意匠が新奇であることと、遠近法が非常によいのが西欧画に近いからだろう、と正しくも分析している。

図7-19 露京聖波得穂堡における日本畫展覧会

1901年から1902年の冬、ロシアにおける2回目の日本美術の展覧会となる、フォン・メック侯のコレクションによる日本版画展が開催された。この展覧会について、代表的なロシア印象派の画家で美術史家、ソ連時代には芸術界の重鎮だったイーゴリ・グラバーリが「日本人」と題した記事を『芸術の世界』誌に掲載した[34]。彼は第1回目の日本美術展の翌年に日本美術について記事を書いているが[35]、今回の記事では日本美術がドガ、ホイッスラー、モネに大きな影響を与えたこと、革新的ヨーロッパ美術にギリシャ美術と同じくらい本質的影響を与えたこと、深い自然観察による独自の自然主義があること、貞奴らの日本演劇は古代ギリシャ演劇が当時もたらしたであろう感動を与えたことなど、より声高に読者に向かって日本美術の素晴らしさを説いている。グラバーリの記事によると、しかしロシアの観衆は貞奴の演劇を嘲笑した[36]。

> 観衆はその間大笑いをした、彼らはもっとも悲劇的なところで嘲笑した。少なからぬ観衆がそして新聞記者たちまでが嘲笑した、彼らにとってこのようなものは、みなこの上なく滑稽なもので、まったくもって幼稚なものだったのである。

他方、ヨーロッパの美術をよく知るグラバーリにとって日本美術や芸術を児戯と考え嘲笑する大方のロシアの反応は、ヨーロッパ人と比べてロシア人の教養のなさや「アカデミズムに拘泥している」ことを示すものであっただろう。翌1903年、グラバーリは日本版画についてロシアで初めて本を出版した[37]。その巻末の参考文献を見ると、グラバーリが日本美術史について当時の研究を独、仏、英語で読み、それに基づき執筆したことが分かる[38]。

他方、同じ頃に日本文化について書かれた幾つかの記事や論文を見てみると、その関心は現在に至るまでの東アジアとヨーロッパ間の長い交渉の歴史と、ヨーロッパ美術に対する中国美術と日本美術の影響の仕方の違いにあるようだ。中国美術と日本美術とを見分けようとしているが、ロココ美術や陶器を見ても、中国美術と日本美術との外見上の見分けは結局彼らにはつかなかったようである。しかし、日本美術は印象派やナビ派など現代ヨーロッパ美術に本質的影響を与えたが、対照的に中国美術のロココへの影響は皮相的だったという理由で、日本美術へより高い評価が与えられている[39]。

1905年9月25日、再びキターエフのコレクションから構成された第3回目の日本美術展がペテルブルグで開催された[40]。この展覧会についてグジンコフが書く日本美術の特徴や批評には、当時ロシアの知識人の間に支配的だった象徴主義新世代の思想の強い影響が認められる。彼は、「画家の創造とは、何か神秘的で、謎めいた、とらえがたいものである」と書いている[41]。また、「絵画の主たる価値とは、イメージに対する直接的態度、可視の世界の無意識的創造を感情により個々人が知覚すること、直感的感得によって内的生の神秘を洞察すること」だと述べている[42]。このようなロシア象徴主義新世代の芸術観から、グジンコフは「日本美術は感情の芸術であり、その点においての長所は、その大体が思考の産物であるヨーロッパ美術より上である」「日本人は、その作品によって意識が創作に先立つのではなく、創作が意識を誘引することを証明している」と記している[43]。

　他方、クジンコフはヨーロッパ美術に対する日本美術の大きな影響については、次のように理解している。

　　日本美術はヨーロッパ美術と比べると小児の片言であり、比べるべくもないが、その片言には真の芸術だけに備わっている深い芸術真実がある。その芸術的真実は本当の芸術、自由で独特な創造に貫かれているため、ヨーロッパの多くの画家達が日本人達にしばらく学ぶことができた。優れたヨーロッパの画家達はみな、巨匠までもが、大なり小なり日本美術の影響を受けた——ホイッスラーは洗練された色調と風変わりな風景画の画風において、スティーヴンスは柔らかい色彩で、ドガは幻想的構図と大胆な群像表現において。日本人の功績とは、その作品によって、ヨーロッパ人が作品のなかで時折、探し求めているものを、漠然とそっとだけ強調したことである。それは、理性的思考の外で自らを発揮することにより世界を認識しようとする志向であり、意識的因果関係には抑圧されない創造への志向である。そして、その未来の芸術は、直感的開示の芸術であり、私達に存在の高次の意味への扉を開いてくれる密やかな神秘的予感における最も力強い予言的洞察になるかもしれない。そして、未来の絵画とは、ショーペンハウエルが音楽について述べたように、我々の表象に呼び起こされた世界に平行しその隣で生まれる新しい現象世界のようなものかもしれない[44]。

グジンコフは、日本美術は子どもの片言のようでヨーロッパ美術とは比較できないとしながらも、象徴主義新世代の思想の文脈では日本美術にヨーロッパ美術を凌駕する長所があること、また象徴主義的に人間を高次に導く未来の芸術、もっとも力強い予言的洞察を志向する芸術であると述べているのである。

同 1905 年、『バーリントン・マガジン』誌ではチャールズ・ホームズが論文「ヨーロッパに対する日本美術の効用」を発表し、日本美術の優れた感受性と暗示の能力を絶賛している[45]。すなわち日本の画家達は現象に対して感情で反応すること、彼らが作品の鑑賞者とコミュニケートしたいと願うものは「人や自然のもつ生きる力」である[46]。また、ホームズは「西」の文明の先進性を示すとされていた合理主義や唯物主義の概念的特長を退けた。ホームズが日本の画家や芸術に認めた優れた特質は、ロシア象徴主義新世代思想が謳う「詩人」像と「芸術」に重なっている。

同 1905 年、シンボリスト新世代のマコフスキーが編集するロシアの美術史の学術誌『イスクーストヴォ』誌に、日本美術に関する論文が掲載された[47]。その号は銀箔の桜をあしらったジャポニスム風の装丁が施され、よく知られた浮世絵版画ではなく、「東」の美への信仰の例として、9 世紀から 18 世紀までの宗教思想を主題とした絵が写真図版で 17 枚掲載されている（図 7-20、図 7-21）。同時代の世界的美術には 2 つの大きな等しい流れ、美の理解におけるつまり「東」とギリシャの原理があることを読

図7-20　1905年日本展の出品作　文殊像

者に分かってもらうためである。また日本美術は、ヨーロッパの美術とは異なったエジプト、アッシリア、バビロン、インドの美術の魔術的美を持つ「東」の美術としてとりあげられている。

  以前は忘却されていた「東」の美術に対し膨らみつつある愛は、新しい美術の到来を、「東」の神秘的な英知とすばらしい古代ギリシャ美術という双方の原理を唯一の世界芸術へと融合するという課題を予言しているのではないか。最近の北斎、歌麿、広重など、ヨーロッパでいまや本当に有名な画家たちはすでに衰えを見せ始めている[48]。

図7-21　1905年日本展の出品作　「阿羅漢」

 注目すべき点は、1905年にロシア・アヴァンギャルドを予知するような「東と西の芸術を融合した新しい世界芸術」という課題が美術史の専門誌『イスクーストヴォ』で取り上げられたこと、そして「東」の美術を代表するのが日本の宗教美術だということである。

 新世代の象徴主義思想の祖とされる思想家V.ソロヴィヨフは、「東」と「西」の芸術が融合した来るべき普遍的芸術について述べている。ソロヴィヨフは、1890年に論文「日本。歴史的特徴」を書いた[49]。論末で、ソロヴィヨフは日本で未曾有の数のキリシタンが殉教したことに注目し、中国などの他のアジア諸国とは違って日本ではキリスト教が社会全体に真に根付いたことは、日本が「西」を必要としている証だと考えている。また、「西」のイギリス、フランス、アメリカで「東」に対する精神的渇仰、とりわけ仏教に対する希求が見られることを、「西」が「東」を必要としている現象だと見ている。「もし、日本人が信じている宗教がヨーロッパ人を蘇生したら変だろうか。この2つの流れ

が出会ったら、何が起こるだろうか」と述べ、そこに東西を統一する普遍的神の国が訪れる兆しを見ていた[50]。その約10年後、最晩年の1900年、ソロヴィヨフは予言的終末論『三つの会話』[51]を著している。その巻末の『反キリスト物語』[52]では、大東亜共栄を標榜しアジア侵略を進める日本、満州と中国の政治情勢が終末の始まりとして語られている。そこではもはや日本は「西」の文化を希求し普遍的文化の出現を予想させる「東」の文化ではなく、黄色人種を統べる「汎モンゴリズム」の推進者である。やがて跋扈する蒙古人、すなわち黄色人種をヨーロッパが一致団結して排斥し、反キリストが現れて偽の繁栄がヨーロッパに訪れる。この予言的物語での日本は、数種のキリスト教が存在し互いに争ってきたヨーロッパ諸国が一致団結するための露払いの役割、敵対役である。

1906年、象徴主義新世代の総合芸術誌『金羊毛』にレーリッヒとマコフスキーは日本美術展の批評を載せ、昔の日本美術には長所があったが、現代の日本美術はヨーロッパ美術の模倣をしてその力を失ってしまったと述べた[53]。マコフスキーは「人種の気質の違いとそれがその民族に及ぼす影響」という視点から日本美術を分析した[54]。彼は「我々の美術」と「日本美術」「ヨーロッパ」と「北斎の遠い国」「我々アーリア人種」「白人種」の芸術と、日本の「黄色人種」の芸術を二分した。そして新世代のロシア・シンボリストたちがもっとも影響を受けたニーチェの思想の用語を用い、次のように論じている。即ち、ヨーロッパの芸術、白人種の芸術はみな歌である。日本人、黄色人種の芸術は視覚的であり、聴覚的ではない。それゆえ日本人、黄色人種の悲劇は、「音楽の精神」からは生まれない[55]。「日本人の異質な創作には我々の深遠な（原文強調）神秘主義は無い」とした[56]。

ソロヴィヨフは、「とにもかくにも、日本人たちが実際にキリスト教世界に加わると、地上における神の国の勝利のために働く定めにある、それらの歴史的力の待望の結合になるだろう」と述べている[57]。ソロヴィヨフは、日本がキリスト教世界に入り神の国を地上に創るためにヨーロッパ人とともに働くことを待望していた。これに対しマコフスキーは、ニーチェに由来する象徴主義新世代の理論を用い、また人種の違いにより、日本美術と文化をヨーロッパに

とってまったく異質な他者とし、融合する可能性を否定したといえる。彼は、「東」と「西」との境界を日本とロシアとの間に引いたのである。

1900年に亡くなったソロヴィヨフと1906年でのマコフスキーの日本に対する眼差しには、おそらく1905年の日露戦争でクライマックスを迎えた日露間の政治的社会的敵対関係が新世代のシンボリズム思想に影響を与えていると思われる。日露戦争に際して、日本美術や文化を愛しながらも日本が壊滅することを望んだブリューソフのように、当時のロシアの知識人たちは日本に対し、日本美術によりヨーロッパから入ってきた日本をこの世の楽園と見る眼差しと、黄禍論の眼差し両方を持っていた[58]。

ロシアの知識人たちの日本に対する賛嘆と忌避の2つの眼差しは、1905年前後の日本美術に関する言説に表れている。上述の論文以外でも、同時代のヨーロッパ美術が起死回生を果たしたのは日本の浮世絵版画のお蔭とする一方で、まったく形而上学的ではない『古事記』を頂く民族の美術などは、到底ヨーロッパ美術の高みには届かない、と書かれている[59]。1904年にブロックハウス・エフロンから出版された『日本とその住民』の中では、日本美術はお手本の中国美術を遠く凌駕し、絵画には非常に優れているが建築や彫刻は未発達で、ヨーロッパと比べると赤ん坊程度だと書かれている[60]。4回目の日本美術展となる「日本と中国の日用・祭祀用工芸品」展（1906年）には、日露戦争を描いたアルバムやポスター、諷刺作品も展示されている[61]。第1回目の日本美術展にも日清戦争の戦争画が展示されていたことからも[62]、ロシアにとって日本は完全な夢の国にはなりえなかった。

1910年頃から、ヨーロッパでも日本美術に対する評価が変り、ジャポニスムの熱気は急速に冷めていった。ジャポニスムは第一次世界大戦の前に終焉する。「視覚表現に与えた刺激は、さまざまな形で吸収され尽くし、西欧がルネサンス以来の遠近法的な空間表現とその価値観を覆すのに手を貸し、現代的な表現手段と価値観を構築した時点で、用済みとなったからである。西欧世界にとって魅力的な他者であった日本は、日清、日露の両戦争で勝利をおさめ、次第に帝国主義の列強の仲間入りの道をたどった。必死の「西欧化」「近代化」の努力の末、西欧諸国との文化的ギャップを外見的には縮めた結果、日本はも

はや西欧にとっての「幻想の異国」の役割を演じられなくなる。以後、日本は太平洋戦争に向けて「野蛮な強国」の道を歩むため、文化的な魅力を失っていた」のである[63]。

1908年、ロシアで出版されたイギリス人サダキチ・ハルトマンの日本美術史の巻末では、同時代の日本美術の状況について詳述されている。ハルトマンは古き日本の美術をしのんでおり、ヨーロッパ美術を取り入れた現代日本美術は死んだも同然だったが、再生の兆しがあり希望が残っていると述べている[64]。しかし日露戦争の当事者だったロシアでは、地上の楽園としての日本のイメージが崩れるのはより早かったであろう。ロシアにとって日本は目前の敵だった[65]。ロシア美術にとって、日本美術は何も見るべきものがなくなった。1910年代の日本美術に関する記事が、日本はすばらしいということ、浮世絵が印象派に影響を与えたということと、同時代の日本の画家が帝国美術院を中心にしてヨーロッパ美術を学んでいるが良い成果がないことを伝えるだけである[66]。

5. おわりに ―「日本の版画のある静物」の図像解釈―

18世紀のロシアでは、日本美術は認識されていなかった。日本は優れた美術を有す国というよりむしろ、ロシアにとって東の辺境にあるアジアの後れた一国であり、未開な一民族として科学的収集分析の対象であった。19世紀末、ヨーロッパからヨーロッパの革新的美術に本質的影響を与えた「東」の美術として日本美術はロシアに紹介された。20世紀初頭、ロシア美術における日本美術への眼差しは短い間に次のように変化した。ヨーロッパ美術を長年中心の文化として手本としてきたロシアでは、日本美術は滑稽で幼稚な絵にしか見えず、ヨーロッパでの日本美術の高い評価は、一般にはにわかに受け入れがたかった。ロシア人は、劣った非ヨーロッパ的美術に対して違和感や侮蔑を覚えざるをえなかった。しかし、ヨーロッパですでに評価が確立されていた日本美術を嘲笑することは、ロシア人の後進性と無知のせいだとされ、ヨーロッパ人と同じまなざしで日本美術を鑑賞するようグラバーリは啓蒙を行った。新世

代の象徴主義者ソロヴィヨフが19世紀末に現した日本に関する論文は、日本美術は「西」のヨーロッパ美術を補完し、そのことにより「東」「西」の文化を統合した普遍的文化が生まれる可能性をもたらすものと読者に感じさせたと思われる。しかし、ソロヴィヨフの最晩年の予言的終末論では同時代の政治情勢が色濃く反映され、日本は終末到来の先触れの役割を果たしはするものの、「汎モンゴリズム」という黄色人種文明による世界侵略の首謀者であり、ついにはロシアを含む一致団結したヨーロッパに打ち負かされる敵役であるとした。その5年後の日露戦争の頃、ロシア象徴主義新世代の思想により日本美術は未来の高次の芸術へと導く神秘的洞察を志向する芸術だと見なされた。同時に、同じく新世代の象徴主義論によって、日本美術はヨーロッパの芸術に精神性で劣る「子ども」の芸術であり、所詮「我々アーリア人種」とは異質の他者の芸術だとされた。その後、ヨーロッパのジャポニスムの衰退を受けて、1910年代になると、日本美術は過去のものであり日本美術が再生する可能性はないと見なされるようになったのである。

このようにロシアでは、日本美術はつねにヨーロッパ人の目を通して見られていたといえよう。ロシア美術史では不動の中心として「西」のヨーロッパがあり、ロシアはヨーロッパに対しては「東」、日本に対しては「西」を任じている[67]。20世紀初頭の新世代の象徴主義者もロシアを日本に対して「西」とし、「我々アーリア人種」のヨーロッパと見なした。新世代の象徴主義論によると、ロシアは「西」であることで本質的に日本に対して優れている。他方、「東」の日本の芸術は神秘主義的に人間を高次に導くことができる点で「西」のヨーロッパの芸術を凌駕している。この2点からロシアを見ると、日本に対して「西」、ヨーロッパに対して「東」のロシア文化は、「西」のヨーロッパ芸術では到達し得ない「東」の神秘主義的芸術を創ることができる可能性を唯一、有すことになる。

ロシアでは象徴主義の流行が終わった後、ネオプリミティヴ美術が現れる。ネオプリミティヴィストは「西欧を媒介せずに前近代のロシア美術を通して東洋と直接つながることで西欧を超えようとした」[68]。代表的なネオプリミティヴィスト、N・ゴンチャロワは「『西』が霊感を得る源泉は『東』であり、

それは私たち自身なのだ」と宣言した[69]。彼女の《トラの毛皮の上の静物》(1908)では、浮世絵の武者絵と古代ギリシャやローマの石膏レリーフが上下に並べられている（図7-22）。当時、日本美術はギリシャ芸術のように西欧芸術を蘇生させたという言説があったことを考えると、武者絵は「東」、石膏レリーフは「西」を象徴していると思われる。また権威を連想させる虎の毛皮の上で「東」が上位に描かれている。したがって、このイメージは「西」の文化に対する「東」の文化の優越性を謳ったものだといえよう。

このゴンチャロワとともに、クズネツォフは1906年、ディアギレフに連れられてパリに行っている。二人がちょうどその時開催されていたゴーガンの大回顧展を見た可能性は高い。その後1910年直前から、2人がロシアの内の「東」であるキルギスなどの中央アジア、あるいはロシア前近代に自らの芸術の霊感源を求め、ネオ・プリミティヴィスムのスタイルでそれらをテーマに制作を始めたことは偶然ではないはずである。また、それがロシア象徴主義新世代の思想によってロシア独自のジャポニスムの受容が行われた後だったことは重要だと思われる。やがてネオプリミティヴィストたちは未来派へと発展して

図7-22　トラの毛皮の上の静物

いくのである。

　「日本の版画のある静物」は、植物、歌麿の版画、色付きの飾り彫りの箱、金色の水差し、黄味がかった桃、机の上にかかる青いテーブルクロスからなっており、すべて正面性を持って描かれている。前景には、青い丸い机が画面3分の1を占めている。中景には、左に鉢植えの植物、右に黄金色に輝く壺、桃、四角い飾り小箱がある。後景の壁には、イコンのように、主要モチーフである歌麿の版画が中央に掲げられている。光源は不明確である。画面は色面から成り、平面性が強い。意図的に、生硬な線を用い、遠近法と明暗法とをほぼ無視した、プリミティヴな様式である。モチーフの位置関係は、不徹底な遠近法のせいで不明確である。すなわち、中景右のモチーフをみると、一見、箱の上に果物と壺があるように見えるが、果物も壺も箱の上にはない。ここでは、現実的な三次元空間の位置関係ではなく、図式的な配置が示されている。主たる色調は青色と黄色である。版画には淡い不透明な青色と黒色、その他の部分には輝かしい黄金色、黄色、緑色がもっぱら用いられている。版画は一面の青色の世界、その他の空間は黄色が支配する世界である。注目すべきは、この2つの世界における色彩の明度と彩度の違いである。版画は、明度、彩度ともに低く、頭髪以外はすべて、淡い不透明な青色で描かれている。他方、この画面でもっとも強い色調で描かれているのが、中景左の植物の緑色と、中景右の壺である。左手の植物ベゴニアは、濃い緑色の厚い葉を力強く四方に茂らせている。右手の壺は、重厚な黄金色の光を満杯に湛えている。この黄金色の壺は豊穣なエネルギーを発し、その黄金色は版画を除く画面全体を満たしている。前景のテーブルクロスには、黄金色が反映したかのような、果物を描いたかのような不明瞭な模様が見られる。四角い小箱にも、この黄金色がみられる。この黄金色は、緑色とも相関している。壺の濃い黄金色の影には、植物の葉の緑色が反映しており、他方、植物の葉は緑色から黄金色に染まりつつある。この黄金色の反映は、版画以外の空間を満たしている。その黄金色のエネルギーは壺から発生している。主要モチーフである日本の版画の図像源は、喜多川歌麿の美人図だとされている[70]（図7-23）。P・クズネツォフはオリジナルの構図、フォルムをほぼ正確に借用している。しかし、洗練された北斎のオリジナルと

比べると、主たるモチーフとして画面の中央を占めている歌麿の版画は、無彩色を思わせる青い色調で描かれていることに気づく。

　筆者は拙論「二十世紀初頭におけるロシアの象徴主義運動と神秘主義―〈青薔薇〉運動を中心として」[71)] において、P・クズネツォフを中心にロシアの象徴主義新世代の美術と、当時、知識人たちの間を席巻した神秘主義との関係を明らかにした。すなわち、P・クズネツォフら画家たちは、従来の定説に反して、V・ソロヴィヨフのソフィア論に由来する神秘主義的終末論を信じており、ゲーテの神秘主義的な「色彩論」に基づき制作を行って、ソフィア、すなわち終末を招来しようとし、世界の刷新を希求した。ゲーテの「色彩論」で

図7-23　西驛た印

は、青色はこの世における最も暗い色、闇の色であり、夜明け前の色である。他方、黄色はこの世における最も明るい色、光の色であり、橙色は真紅が表わす「昇華」に至る一歩手前の色である。ゲーテの「色彩論」を踏まえると、歌麿の版画は闇または終末の色である。また、終末をもたらすのはソフィア、または「永遠の女性性」なので、歌舞伎の役者ではなく、歌麿の美人のほうがふさわしいと思われる。

　以上のことを踏まえると、中央の歌麿の版画は、「東」の文化、あるいはヨーロッパにおけるジャポニスムを象徴していると考えられないだろうか。歌麿の美人図が借用され、青白い色調で描かれているのは、上述したようにジャポニスムは役目を終えて終焉してしまったものであり、また「西」の文化の長年の独占的権威を終わらせたからだと解釈されよう。極言することになるが、ジャポニスムは、P・クズネツォフにとって、美術におけるソフィアだったのではあるまいか。長い間、強固なその伝統を誇ってきたヨーロッパ美術を解体に導いたのと同時に刷新もしたからである。一方、版画以外の空間が喜ばしさに溢れているのは、それがソフィアすなわち終末の後の世界だからではないだろうか。版画を取り巻く空間は、壺や箱など、ロシアの「東」である中央アジアの物や植物で充たされている。版画が青白い色調の二次元の世界であるのに対し、その周りには輝くような黄金色と美しい青の色調の、光に満たされた現実の三次元世界が再現されている。植物がその上で濃い緑葉を伸ばすテーブルは大地を連想させ、黄金の光は輝く太陽を、美しい青色は蒼穹を思わせる。すなわち、前者は現実の世界のものではない観念的な世界である一方で、後者は現実の世界を象徴しているとも言える。そして後者の世界は「東」のものであり、このロシアの内なる「東」の世界こそ近い未来の新しいユートピア的世界なのである。

　「日本の版画のある静物」の中の歌麿はジャポニスムを象徴しており、ヨーロッパの美術、硬直した「西」の文化をソフィア論のように終末に導く。また同時に終末の後には、力強い新しい普遍的文化が現れるのであり、その創造は、ジャポニスムの後は、内なる「東」を抱えたロシアが担っていくことになる。「日本の版画のある静物」は未来のロシア美術が果たすその使命を謳い上げたイメージだと考えられるのである。

表 7-1 挿図

1	ビリービン	「サルタン王物語」挿絵（プーシキン著）	1905	
2	葛飾北斎	《富嶽百景》二編9丁より「海上の不二」	1835	
3	オストロウーモワ＝レーベジェワ	《波》	1902	木版画　ペテルブルグ、ロシア美術館
4	ヴルーベリ	装飾皿《サトコ》	1899〜1900	
5	ベレシチャーギン	《日本の娘》	1903	
6	ベレシチャーギン	《日光の神社》	1903	油彩、カンバス
7	ベレシチャーギン	《舟遊び》	1903	油彩、カンバス　ペテルブルグ、ロシア美術館
8	コロヴィン	《舟遊び　画家マリヤ・ヤクンチコワと自分の肖像》	1888	油彩、カンバス　モスクワ、トレチャコフ美術館
9	モネ	《ギヴェルニーの水辺で》	1887	油彩、カンバス　パリ、オルセー美術館
10	モネ	《舟遊びする若い女性》	1887	油彩、カンバス　東京国立西洋美術館
11	P・クズネツォフ	《日本の版画のある静物》	1912	テンペラ、厚紙、96×78　ペテルブルグ、A. F. Chudonovskii 所蔵
12	ゴーガン	《日本の版画のある静物》		
13	P・クズネツォフ	《ステップの蜃気楼》	1912	油彩、カンバス、95×103　モスクワ、トレチャコフ美術館
14	W・G・ティレジウス・フォン・テルナウの原画による	《日本人の容貌》　監修：L・S・クライベル　製版：P・I・マスロフスキー	1803〜1813	エングレーヴィング　エッチング 28.8×45.5　ペテルブルグ、ロシア国立図書館カタログ『日露修好150周年記念「ロマノフ王朝と近代日本」展』(2006) より転載
15	W・G・ティレジウス・フォン・テルナウの原画による	《日本人のあいさつの仕方》	1803〜1813	エングレーヴィング　エッチング 18.7×28　ペテルブルグ　ロシア国立図書館カタログ『日露修好150周年記念「ロマノフ王朝と近代日本」展』(2006) より転載
16		M・ゴンラート製菓のお菓子の包装紙	1900年代	リトグラフ　20×35　ペテルブルグ、ロシア国立図書館　カタログ『日露修好150周年記念「ロマノフ王朝と近代日本」展』(2006) より転載
17	読売新聞	露京聖波得穂堡における日本畫展覧会	明30年2月12、13、14日	
18	同上	同上	同上	
19	同上	同上	同上	
20		1905年日本展の出品作	1905	『イスクーストヴォ』誌　Ho. 5 C.37.
21		1906年日本展の出品作	1905	『イスクーストヴォ』誌　Ho. 5 C.49.
22	ゴンチャロワ	《トラの毛皮の上の静物》	1908	油彩、カンバス　ペテルブルグ、ロシア美術館
23	喜多川歌麿	《西驛た印》	1795〜1796頃	大判錦絵 36.4×24.4 東京国立博物館

当時の日本芸術に関する言説を分析して分かったように20世紀初頭、日本美術はロシア文化にとって、次のような意味をもっていたと思われる。すなわち、輝かしいヨーロッパ文化に、「東」の美術であっても、本質的な影響を与え、新しい芸術を創ることができるという可能性を示し、また地理的にも人種的にもヨーロッパから遠くはなれているので、相対的にロシアをヨーロッパ文化に組み入れる。そのことによって、ジャポニスムの熱狂が終わった20世紀初頭、内なる「東」を抱えたロシアの未来の芸術は、もっとも優れた普遍的文化の創造者となる可能性を与えられることになる。

ロシアで受容されたジャポニスムはロシア象徴主義新世代の思想により解釈され、象徴主義美術からアヴァンギャルド芸術へと推移していく際に本質的な影響を与えたと考えられる[72]。P・クズネツォフの《日本の版画のある静物》はその証左であり、また普遍的芸術の創造を志した画家のマニフェストだといえよう。

注

1) 1872年にフィリップ・ビュルティにより『ルネサンス・リテレール・アルティスティック』誌で初めて用いられた。これに対して19世紀後半以降、ゴンクール兄弟その他の紹介や愛好により欧米で成立した日本美術への嗜好を、過去のシナ趣味（シノワズリ）やトルコ趣味（チュルクリ）に倣って、日本趣味（ジャポネズリ）と呼ぶ。ジャポニスムとジャポネズリの区別はしばしば困難でもある。馬渕明子『ジャポニスム』、ブリュッケ、1997年：馬渕明子・三浦篤・岡部正幸ほかジャポニスム学会編（2000）『ジャポニスム入門』同朋社.

2) エレナ・バルハトヴァ、デニス・ソロヴィエフ（2006）「露日交流の歴史をひもといて」、『日露修好150周年記念「ロマノフ王朝と近代日本」展版画と写真でたどる日露交流—ロシア国立図書館所蔵品より』、サンクトペテルブルク　ロシア国立図書館、アートインプレッション、18. 同展の第VI部は「ジャポニスム—革命前夜の日本ブーム」。

3) 『極東ロシアから日本へ、世界へ——1920年代美術の国際交流』、極東ロシア美術国際シンポジウム実行委員会、53、2002年.

4) *Белецкий П. А* (1972) Русская Графика Начала XX в. И Японская Цветная Ксилография//Сб. Книга и Графика. М., С.226-231; *Сидоров А. А* (1969) Русская графика начала XX века. Очерки истории и теории. М.; *Сидоров* (1928) Московская школа гравюры. «Мастера современной гравюры и графики». М.-Л.

5) Дьяконова. Е (2002) Японизм в русской графике серебряного века (конец XIX – начала XX в.)//Япония. Путь кисти и меча. Н. 2. М., С.6-11. 文学研究では、*Рогачева И. В.* (2002) В поисках утраченного... Две редакции «Золота в лазури» Андрея Белого. М., ЭкоПресс‐ が、ロシア象徴主義新世代の文学者ベールイの『瑠璃のなかの金』を分析するに当たり、日露戦争を背景としたジャポニスムの流行を重視している。ロガチョワによれば、ベールイの『ペテルブルグ』(1913-1914) の日本趣味の女主人公ソフィヤ・リフーチナは、新世代の象徴主義者たちが信奉した思想家 Vr・ソロヴィヨフの神秘主義的終末論、「ソフィア論」の世界霊魂の戯画化である。ソフィア論は 1905 年に革命が不完全に終わり終末が来なかったことで幻滅に終わった。ソフィヤ・リフーチナは「ほとんど日本女性のようだ」と書かれているが、加えてロガチョワは、蜘蛛と邪悪な女のイメージを彼女に認める。またベールイの日本に対する視線について、その嫌悪感の背景として日露戦争を挙げる一方、1905 年当時、ベールイは、*Булый А.* Апокалипсис в русской поэзии// *Белый А.* Критика. Эстетика. Теория символизма. Т. 1. С.377, 378 で、日本を東から飛来した架空の赤い竜にたとえ、それが現実のものではなく、おぼろげな雲のようで戦争もなかった、と記していることを指摘している。*Рогачева.* В поисках утраченного... Две редакции, С.120 -132.

6) *Молодяков В. Э.* (1996) «Образ Японии» в Европе и России второй половины XIX начала XX века. М., Инстисут востоковедения РАН.

7) *Молодяков.* Образ Японии. С.96.

8) Rosamund Bartlett (January 2008) "The Russo-Japanese War in Russian Cultural Consciousness" in *The Russian Review* 67: 8-33.

9) 遠藤望「中央ヨーロッパとロシア―チェコ、ポーランド、ハンガリーとロシアの場合」馬渕明子・三浦篤・岡部正幸ほかジャポニスム学会編『ジャポニスム入門』、170-185.

10) 遠藤望「中央ヨーロッパとロシア―チェコ、ポーランド、ハンガリーとロシアの場合」、前掲書、184.

11) 上野理恵 (2005)『ジャポニスムから見たロシア美術』、東洋書店ユーラシア・ブックレット No.76.

12) 福間加容 (2007)「20 世紀初頭のロシアにおける日本美術の受容―ジャポニスムの意味―」21 世紀 COE プログラム「スラブ・ユーラシア学の構築」研究報告集 No.21、北海道大学スラブ研究センター、72-85.

13) *Николаева Н. С.* (1996) Япония – Европа―диалог искусстве середине XIX–начало XX века―, М, Изобразительное искусства. С.369.

14) *Неклюдова.* С.251-264. クズネツォフの父親はイコン画家であった。*Stupples, P.,* Pavel Kuznetsov: his life and art, (Cambridge UP, 1989), p.3.

15) *Эфрос.А.* Профили. М., С.129, 1930.; *Сарабьянов Д. В.* (1993) История русского

искусства конца XIX—начала XX века. М., С.130,; *Неклюдова*. Традиция и Новаторство.
16) ニコラエワによると、この作品の線、色彩は互いに共鳴し合っており、そのことは遠く離れた本源（日本のこと―福間）を示しており、その特色は他の〈ステップ・シリーズ〉の作品《ステップの蜃気楼》、《羊毛刈》、《ステップの夜》、《ステップの雨》においてより顕著である。*Николаева*. Япония-Европа С.370.
17) *Дьякова*. Японизм.С.9.
18) クズネツォフは当時最高の美術教育を受けており、ヨーロッパのアカデミックな美術には通暁していたはずである。
19) *Гаршин Е. М.* (1888) Первые шаги академическаго искусства въ Россіи // Вѣстникъ изящныхъ искусствъ издаемый при Императорской академіи художествъ. Том.VI. Вып. 4. С.262-266.
20) ソロヴィエフ「露日交流の歴史をひもといて」前掲書、13.
21) Художественные сюжеты въ японскомъ искусстве (Статья Шорна) (1882) // Историческій Вѣстникъ Т. 8. СПб. С.421-432.
22) *Исполатовъ В.* (1885) Японское искусство // Колосья. № 1. январь. СПб. С.333-345.
23) В мире искусства. Восточноеи японское искусство в Европе (Подпись В. Ч.) (1891) // «Всемирная иллюстрация» № 1174. СПб. С.59-62.
24) Японская выставка въ Париже // Нива. № 11. С.263, 1893.
25) *Ф.Б.* Къ Японской Выставке // Новое Время. № 7457. С.3, 1896; *В. Си-въ.* (1897) Японская Художественная Выставка въ Залахъ Историческаго Музея // Русская Ведомости. № 44. С.3; *Р.* Японская выставка // Московский листокъ. № 34. С.3, 1897; Выставка работъ японскихъ художниковъ // Нива. № 1. С.19, 1897; Выставка работъ японскихъ художниковъ // Нива. № 5. С.108-111, 1897; Живописное обозрение. № 50. СПб. С.43, 1896.
26) Московский листокъ. № 34. С.3, 1897.
27) キタエフとその日本美術のコレクション、第１回日本美術展については次を参照。*Воронова Б. Г.* (1994) Сергей Николаевич Китаев и его японская коллекция // Сб. Частное коллекционирование в России. Випперовские чтения [М., 1994] М., С.160-165, 1995; *Воронова. Б. Г.* (1995) Сергей Николаевич Китаев и его Японская коллекция // Сб. Частное коллекционирование в России. М.; *Воронова Б. Г.* Ораннем этапе собирания и изучения японского искусства в России // Сб.Введение в храм. М., Языки русской культуры. С.607-611, 1998. キタエフのコレクションは次に所収されている。Беата Воронова. (2009) Японская Гравюра XVIII—первая половина XIX века. М.; Беата Воронова. (2009) Японская Гравюра середина―конец XIX века. М. キタエフは日本で亡くなっている。石垣香津 (2001)「セルゲイ・キタエフと第二の故郷日本」『ロシアと

日本』第4集.
28) 彼女が日本美術について学んだのは、後にパリに行き、ホイッスラーの指導を受けたときである。*Остроумова-Лебедева А. П.* Автобиографические записки Т. П. М. Л. С.116-7, 1945.（*Г. Ю. Стернин*（1984）Зарубежное искусство в России Русская художественная культура второй половины XIX - начала XX века. М. С.106）.
29) *Александров Н.*（1896）Гениальные дети（Японская художественная выставка）// Биржевые Ведомости № 331.
30) Нива. № 1. С.19, 1897.
31) Нива. № 5. С.110-111, 1897.
32) この新史料は吉田千鶴子氏が発見され、鐸木道剛先生を通して快くご提供くださったものであり、吉田千鶴子氏に心より深く感謝申し上げる。
33) 木々康子（1987）『林忠正とその時代 世紀末のパリと日本美術』、筑摩書房、197.
34) *Грабарь И.*（1902）Японцы // Мир Искусства. № 2. С.31-34.
35) *Грабарь И.*（1897）Упадок или возолождение? Очерк современных течений в искусстве // Нива. янв. С. 37-74.
36) 筆者は拙論、前掲書の福間において、ロシア人の観客が嘲笑した対象を貞奴の演劇ではなく、第2回目の日本美術展の展示だと誤読していた。ここに訂正したい、2007.
37) *Грабарь И.*（1903）Японская цветная гравюра на дереве. М., Кн. С. А. Щербатова и В. В. ф. Меккъ.
38) Siebold, Ph. Frh. von（1832）*Nippon*, Leyden（Wurzburg, 1897）; Grierke H.（1882）*Yapanische Malereien*, Brl; Duret, Th., L'art Japonais. Les Livres Illustrés — Les Albums Imprimés, Hokusaï（*Gaxz. des Beaux arts*, 1882 II（X X IX）; Madsen, Karl（1883）*Japanesk Malerkunst*, Kopen; d. Gonse（1883）*d'art Japonais*, Paris; Anderson, W.（1886）*The pictorial arts of Japon*. Lnd; Brinckmann, Justus（1889）*Kunst und Handwerk in Japan*, Brl; Bing, S.（1889-1901）*Yapon artistique*, Paris; Anderson, W., Landscape Painting in Yapan（1890）*Art Journal*, Lnd. 1889-1901; Goncouri, Edm. De, Hokousai（1895）*Gazette des Beaux Arts* XⅣ, Paris; Anderson, W., Japanese wood Engravings（1895）*Portfolio* No.17, Lnd.; Münsterberg, O.（1896）*Die Japanische Kunst und das Japanische Land*, Lpz; Fenollosa, E. F.（1896）*The Masters of Ukioye*, N. Y.; Strange, Ed.（1897）*Japanese Illustration*, Lnd.; Seidlitz, W. von（1897）*Geschichte des Japanischen Farbenholzschnitts*, Drsd. 以上、資料名はグラバーリの著書（*Грабарь*. Японская цветная гравюра. С.24-25）の原綴のまま。加えて、グラバーリは、ムーテルの著作 "*Мутер P.* История живописи въ XIX веке, перев. 3. Венгеровой" を挙げており（*Гравaрь*, Японская цветная гравюра. С.25）、ソ連時代、美術史家のベレツキーも、日本美術が印象派に与えた重要な影響を指摘したとして、ムーテル "*Мутер P.*（1910）История

Живописи в XIX. СПб., С.432-439" を挙げているが (*Белецкий*. Русская Графика Начала XX в. И Японская Цветная Ксилография. С.226)、筆者は該当するものを確認できなかった。

39) О Влияние китая т японии на европейское искусство (1901) // Новый журнал иностранной литературы, искусства и науки. Т. 3. СПб. С.119-129. では、最初に中世以来の中国とヨーロッパの交流、それに後で加わった日本とヨーロッパの交流が歴史的に紹介され中国美術は18世紀のロココ美術に、日本美術は印象派とヨーロッパ美術にもっとも影響したことが述べられている。Влияние Китая и Японии на европейское искусство Д-ра Адольфа Брюннига // Вестникъ Воспоминания. Научно-популярные журналы. № 9. декабрь. С.156-176, 1902 (Velhagen und Klasings Monatscheften / November, 1900) では、18世紀、ロココ美術のモチーフや陶器で、中国美術と日本美術との見分けはつかないが、双方の美術はヨーロッパ人を自然に開眼させるのに大きな役割を果たしたと評価されている。次の2つの記事では、記者の関心は日本人の特性にある。*Алексеев П.С.* (1900) Путевыя земетки по японии // Русский Вестникъ. Т. 267. Июнью. С.527-551 は、神戸から東京までの汽車の旅の旅行記である。乗客の風俗の他、女性たちの顔に対して人類学的な興味が寄せられている。По поводу японских естественно-историческихъ музеевъ // Вокругъ Света. № 33. С.526-527, 1902 では、日本の美術館や博物館に展示されている双頭の鴨などの珍奇な動物は、先天的奇形ではなく、日本人達による人工的細工物であるが報告されている。

40) *Гузинковъ С. М.* (1905) Несколько мыслей объ искусстве. По поводу японской выставки // Вестникъ знания. № 11. С.101-106.
なおジャコノワが、第3回目の日本美術展として1905年にハセガワの版画展が行われたと述べているが、典拠となる資料の記載がない。開催年が同じ1905年であることから、3回目の日本美術展は再びキターエフのコレクションから構成されたのではないかと思われる。*Дьяконова*. Японизм в русской графике серебряного века. С.6.

41) *Гузинковъ*. Несколько мыслей об искусстве. С.105.
42) *Гузинковъ*. Несколько мыслей об искусстве. С.102.
43) *Гузинковъ*. Несколько мыслей об искусстве. С.102.
44) *Гузинковъ*. Несколько мыслей об искусстве. С. 106.
45) C. J. Holmes, (2004) "The Use of Japanese Art to Europe" in *The Burlington Magazine* 8 (1905), 4 (Colin Rhodes, "Burlington primitive: non-European art in The Burlington Magazine before 1930" in *The Burlington Magazine* CXLVI Feb. 100).
46) Holmes, "The Use of Japanese Art to Europe", 6.
47) Искусство. № 5, 6, 7. С.21-31. 1905. 図版は С.33-47. 付録1を参照。
48) Искусство. № 5, 6, 7. С.24.

49) *Вл.Соловьев*. (1902) Япония. Историческая характеристка 1890//Собрание сочинений Владимира Сергевича Соловьева. Том. VI. 1886-1896. СПб., С.138-157.
50) *Соловьев*. Япония. С.156-157.
51) ソロヴィヨフ著、御子柴道夫訳 (1982)『三つの会話：戦争・平和・終末』(ソロヴィヨフ著作集5) 刀水書房。*Вл. Соловьев*. (1991) Три Разговора о войне, прогрессе и конце всемирной истории, со включением краткой повести об антихристе и с приложениями. М., «Товарищества А. Н. Сытин и К». Фирма «ПИК».
52) 「「反キリスト物語」は最初、『週の本』誌1900年4月号に掲載された後、1900年5月の夜会で著者自身によりその単行本用ゲラ刷りがセルゲイ・ソロヴィヨフ、アンドレイ・ベールイら若い詩人たちを前に朗読された」。前掲書の当該部分、「反キリスト物語」の翻訳者による改訳（未出版、2004年）、1頁を本章では参照した。
53) *Маковский С.* (1906) На Японской выставке//Золотое руно. № 1. январь. С.111-118.
54) *Маковский*. На Японской выставке. С.114.
55) *Маковский*. На Японской выставке. С.115.
56) *Маковский*. На Японской выставке. С.115.
57) *Соловьев*. Япония. С.157.
58) *Дьяконова*. Японизм в русской графике серебряного века. С.6.
59) Статья З. (1905) Ишесмыцкаго. Японская Гравюра//Вопросы жизни. № 2. С.247-280. (Перев. А. Р. и Н.Ф.)
60) 日本人が建築や彫刻が下手なのは、水平線と垂直線が苦手で、非対称を生来的に好むからだと説明されている。*Востоков Г.* (1904) Японское искусство в Кн.: Япония и ее обитатели. СПб. Брокгауз-Ефрон. С.297.
61) [798-800] 3 альбома-русско-японской войны.; [801-807] 7 книгъ русско-японской войны съ раскрашенными иллюстрациями. [825] Альбомъ лубочныхъ картинъ русско-японской войны.; [826-829] 4 книжки-каррикатуры на русско-японскую войну.// Описание Выставки китайскихъ и японскихъ произведений искусства промышленности и предметовъ культа и обихода. М., 1906. (каталог. Дозволено цензиурою. Москва, 29 марта 1906). С.30. カタログによると、展示品は、中国のものについては1902年にインドシナのハノイで催された展覧会から、日本のものについては1903年に大阪で催された展覧会から運ばれた。
62) Нива. № 5. С.110-111, 1897.
63) 馬渕明子『ジャポニスム』、11-12.
64) *Садакичи Гартманъ*. (1908) Японское Искусство. Переводъ съ англисйскаго О.Кринской. СПб.
65) 日露戦争時のロシアにおける日本のイメージについては、日露戦争時のロシアのポス

ターを分析した。Yulia Mikhailova, "Images of Enemy and Self : Russian "Popular Prints" of the Russo-Japanese War," in *Acta Slavica Iaponica*. vol.16 (Sapporo: Hokkaido UP), 30-53 を参照。知識人とは異なり、民衆は日本についてほとんど何も知らず、具体的イメージも持っていなかった。ポスターでは、取るに足らないちっぽけな敵というイメージが宣伝された。

66) Старое и новое искусство въ Японии//Вестникъ Знания. СПб. С.783-785, 1909; *А.Д.Фиккэ.* Пер. Съ англ. А.Е-нъ. Японская гравюра//Искусство и Жизнь. С.9-12; *Н.Пунинъ.* (1915) Японская гравюра//Аполлонъ. № 6-7. С.1-35; Растительный миръ орнамент//Нива. № 33. 1912; Китай и Япония. № 238. Хабаровскъ. С.109-113, 1916 は、日本の植物がモチーフになった装飾紋様や絵画について論じている。

67) 福間加容 (2006)「20世紀初頭のロシア美術と「東」の境界」、日本学術振興会「人文・社会科学振興のためのプロジェクト」研究領域 V-1「伝統と越境——とどまる力と越え行く流れのインタラクション」第2グループ「越境と多文化」研究報告集 No.2 山形大学人文学部国際交流委員会編、『「国」という枠を離れて』、49-69.

68) 上野、前掲書。

69) *Н. С. Гончарова.* (1913) Каталог выстаски. М. (*М. Г. Неклюдова.* (1991) Традиции и Новаторство в русском искусстве конца XIX начала – XX века. М., С.361-2).

70) *Дьяконова.* С.9.

71) 福間加容 (2001)「二十世紀初頭におけるロシアの象徴主義運動と神秘主義—〈青薔薇〉運動を中心として」、千葉大学博士論文。

72) 象徴主義新世代の思想とアヴァンギャルド芸術について論じた北見諭は、「超越性」を求め想定する象徴主義と「超越性」を否定するアヴァンギャルドの芸術は、「神の死」と急速な技術進歩という状況下で、「超越性」をめぐる同じ問題意識から生じたものだったと指摘している。北見諭 (1998)「フレーブニコフの言語創造の理念と未来派の前衛精神」『スラヴ研究』45号。

『イスクーススтвォ』誌 (1905年6月12日発刊) に
掲載された1905年の日本展の出品作　図版

С.8. Содержание иллюстрации　Изобранныя реликвии японскаго искства. Ашикага-Иошимоши Гошинъ, Кано-Санраку, Нобузано Фусивара, Сесшу, Самиоши Гуккен, Тоса-Мицуоки, Тоса Юкихиро, Якушу Ито и др. IX-XVIII стол. (17снимк)

[8頁　図版目次。日本美術の遺物集。アシカワ　ヨシモシ、ゴシン、カノウサンラク、ノブザノ　フシワラ、セッシュウ、サミオシ　グッケン、トサ　ミツオキ、トサ　ユキヒロ、ヤクシュウ　イトウほか。9～18世紀。(17枚)]

С.35. Фусивара Нобузно. (XIII.) Эпизодъ изъ жизни Michisane.

　　　[フシワラ　ノブズノ (13世紀) ミチザネの生涯からエピソード]

С.37. Шанкаи. (XII ст.) Изображение Manjusri. (Богъ 5-ти символовъ).

　　　[シャンカイ (12世紀) 文殊像 (5つのシンボルの神)]

С.38. Гошинъ. (1334г.) Bodhi-Satva, Премудрость 3-хъ мировъ.

　　　[ゴシン (1334年) 菩薩、三界の奥義。]

С.39. Неизвестный художникъ. (IXст.) Божество Mayura Vidyaraya Inconny.

　　　[作者不詳 (9世紀) Mayura Vidyaraya 神　Inconny]

С.40. Неизвестный художникъ. (XII ст.) Нирвана Сакиа-Муни Inconnu.

　　　[作者不詳 (12世紀) 涅槃　釈迦無二　Inconnu]

С.41. Неизвестный художникъ. (XII ст.) Живопись на дверцахъ ковчега Inconnu.

　　　[作者不詳 (12世紀)]

С.42. Тоса Мицуоки. (1617-1691). Иллюстрации къ повести Котако.

С.43. Тоса Мицуоки. Иллюстрации къ повести Котако.

С.44. Кано Санраку. (1159-1635). Охота.

　　　[カノウ　サンラク (1149-1635) 狩り]

С.45. Фусивара Нобузано. (XIIIст.) Дневник Murasaki Shikibu

　　　[フジワラ　ノブザノ (13世紀) 紫式部日記]

С.46. Шишо-Даиши. (814-891). Свящ. изображение Акара.

　　　[シショ・ダイシ (814-891) アカラの聖像]

С.47. Тоса Юкихиро. (XV ст.) Иллюстрации секты Jundzu Nenbutsu.

　　　[トサ　ユキヒロ (15世紀) ジェンズネンブツ表の挿図]

С.48. Сешу (1420-1504) Горный потокъ.

　　　[セッシュウ。(1420-1504) 山水]

С.49. Ашикага Iошимоши. (1386-1482г.) Архаты.

　　　[フシカガ　ヨシモシ (1386-1482) 阿羅漢]

第3部
「秩序」観の諸相

第8章　ロールズの正義観と韓国社会

張　東震

1. 序　論

　ロールズの正義観は、かれの『正義論』(1971年) という著書の出版とともに、出版から約半年後に初めて韓国に伝えられた。その後、幾つかの大学院を中心にごく一部の専門家たちの間で広がっていったが、それによってロールズの正義観についての理解は次第に深まっており、議論も拡大し、現在に至っている[1]。

　このような受容の過程を整理すると、おおむね3つの段階に分けられる。第1段階は、ロールズの『正義論』に対する基本的理解という段階であり、時期的には1970年代から80年代を経て90年代の初期までになる。第2段階では、ロールズの『正義論』に対して批判的検討が行われており、それは90年代全般にわたって展開していく。批判の内容は、ロールズ正義観の内的問題点とともに、共同体主義の視角からの批判がその中心となった。

　特に後者の視角からする批判的な検討は、1980年代西欧で行われた自由主義―共同体主義論争の直接的、間接的な影響を受けて、90年代に韓国社会で現れたと推定される。このような積極的批判を土台にして、反省的平衡 (reflective equilibrium)[2] の段階へと移ることになるが、この第3段階では、ロールズの正義観を通じて、韓国の現実を批判すると同時に、韓国または東アジアの伝統、文化、正義観に照らしつつ、ロールズの正義観を反省的に検討し、批判を行っている。そこには、東アジアの正義観または韓国の正義観を模索しようとする積極的な試みが表れている。いま現在、ロールズの自由主義的正義観に対する理論的な受容過程は、この第3段階すなわち反省的平衡段階に

置かれていると思われる[3]。

　上記のように、ロールズの正義観の理解の過程は、あくまで理論的理解と批判に止まっていて、韓国の政治や民主化過程に対しては影響をほとんど及ぼしていないといえる。しかし、理論的に考えてみると、ロールズの自由主義的正義観は現代韓国の自由民主主義の政治理念と密接に連関している。

　1948年大韓民国政府の樹立とともに始まった現代韓国の基本的な政治理念は、自由民主主義である。その後、権威主義政権が1987年の民主化運動まで持続したが、自由民主政体という基本的な理念は変化をみせなかったといえよう。このような脈絡において、現代韓国の自由民主主義政治理念は、ロールズの正義観を背景にする自由民主社会と深い理論的な関連性をもっている。

　にもかかわらず、ロールズ『正義論』が実践的な側面において韓国の民主化に影響を及ぼしていないという理由については、多面的分析が必要になる。その1つは、ロールズの正義観のもつ高度な政治哲学的抽象性を挙げることができる。上で述べたように、ロールズの自由主義的正義観は1970年代初期に初めて韓国に伝えられたが、しかしそれに対する理論的な認識や論議は、90年代初期までにごく一部の専門家を中心に行われていた。そのためローズルの正義観は、その高度な政治哲学的な抽象性によって、一般人や政策実務家らがそれを正しく理解し、実践化をする不可避な限界を持っていた。このようなロールズの正義観の政治哲学的性格によって、それが韓国の民主化運動や韓国の政治運営に導入される機会は、ほとんどなかったと考えてもよい。

　今日、韓国国内におけるロールズの自由主義的正義観をめぐる論議は、大学の講義を通して一般化され、人々の理解度も高くなっている。またロールズの正義観に関する肯定と否定という二側面を韓国の立場から評価し、それに関心をもつ人的範囲も相当拡大している。そしてロールズの正義観が韓国社会に及ぶ実践的な肯定性について評価する傾向も次第に台頭しており、さらにそれが韓国社会の文化構造と両立できるかどうかという基本的な問題も提起されている。

　ロールズの正義観が韓国の民主化に実践的な影響を与えていなかったといわれているが、それはおそらくロールズの正義観が、韓国社会における認識や

価値観などに相反する側面をもっているからであろう。しかし韓国社会はたえず変化していく。このことを考えるならば、まず韓国社会の固有な性格に即して、ロールズの自由主義的な正義観を批判的に検討することが、実践的、理論的な意義をもっている。

2. ロールズの正義観と韓国社会

　ロールズの自由主義的な正義観は、かれの代表的著書である『正義論』（A Theory of Justice, 1971）、『政治的自由主義』（Political Liberalism, 1993）、『万民の法』（The Law of Peoples, 1999）において提示されている。この3冊において、ロールズの正義観は、自由主義的な観点を維持するという点において、全体にわたって一貫しているけれども、問題認識と内容の強調という側面においては、若干の差をみせている。

　『正義論』と『政治的自由主義』は、自由民主社会の内部に適用する正義原則を導出しているが、『万民の法』は国際社会の正義問題を扱うということを強調しており、両者の間に多少の異なりが存在する。もちろん、上記の3冊の中に表れる正義的原則を導出するための手続き的な条件として、原初状態の採択は一貫している。しかし『正義論』『政治的自由主義』『万民の法』における問題認識と、それに関連する原初状態の適用方法は、それぞれに多少の差異がある。

　まず、『正義論』では、人間一人ひとりの不可侵性（inviolability）を平等に実現するための問題認識から議論を展開し始めている。そこには社会の大勢の人々が享受する大きな社会的利得を理由にして、一部の個人の自由が犠牲にされないことを強調している[4]。このような問題を解決するために、ロールズは、原初状態とマクシミン原則（the maximin rule）を通して、正義の2つの原則（two principles of justice）[5]を提示している。とくに原初の立場（original position）の核心は無知のベール（veil of ignorance）にあり、その核心は正義原則に対する合意の公正な条件として、合意の当事者が自分の資産と能力、価値観および心理的傾向、社会経済的な地位に対する情報を知らない

ということを仮定している[6]。

『正義論』に表れている重要な問題認識の1つは、自然的および社会的偶然性によって発生する不平等ということをどう調整するかである[7]。ロールズの正義の2つの原則の中に、格差原理（the difference principle）と、公正な機会平等の原則（the principle of fair equality of opportunity）は、社会経済的な不平等を調整して、第1原則の基本的自由の平等を保障するための社会経済的な装置である。『正義論』に表れる公正としての正義（justice as fairness）は、正義の二原則を通して人間の不可侵な尊厳性を平等に実現しようとする試みであると解釈できる。

このような立場は、1999年の改正版において財産所有民主主義（a property-owning democracy）という概念を通して、より積極的に表現されている。この発想は、個人的財産（personal property）の保障と、経済的市場体制を採択しているけれども、社会的性格をもつ富と資本を事前的に、かつ広範囲に分散させる公正な協力体制を維持するということを目標としている。これは、事後の調整を通じて、分配の不平等問題を解決するということに対応する、一種の自由主義的社会主義体制（a liberal socialist system）であるといえる[8]。一方、『政治的自由主義』の問題認識は『正義論』と異なっており、政治的自由主義は、なぜ「妥当な宗教的、哲学的、道徳的教理などによって深刻に分裂している自由平等な市民たちは、正義にかなった安定した社会を相当期間に維持することが可能なのか」という疑問を投げかけている[9]。

この疑問に答えるために、『正義論』では、道徳哲学と政治哲学の区分を明らかにしつつ、「政治的な領域」（the domain of the political）を設定している。政治的自由主義の問題認識は、妥当な宗教的、哲学的、道徳的な教理の間の不一致（reasonable disagreement）を克服し、自由民主社会の政治的な安定性をどのように維持するかに焦点を当てている。それと同時に、政治的構成主義（political constructivism）、妥当性（the reasonable）、公的理性（public reason）、重畳的合意（overlapping consensus）の概念が台頭している。ところが、原初状態の理論は、代表装置（device of representation）において依然として重要な位置を占めており、正義の2つの原則は若干の変形を表現し

ているけれども[10]、その基本内容は大きな変化をみせない。

ロールズの『万民の法』は、『正義論』と『政治的自由主義』によって提示された自由主義的な正義観を国際社会に適用している。まず、国際社会を妥当なリベラルな国民（reasonable liberal peoples）、適正水準の国民（decent peoples）、無法国家（outlaw states）、不利な与件の社会（societies burdened by unfavorable conditions）、慈愛的絶対主義体制（benevolent absolutisms）に区分して、これに関して理想的理論（ideal theory）と非理想的理論（non-ideal theory）を提示している。

特に妥当なリベラルな国民の相互間の正義原則の合意に関しては、第1部の理想的理論、そして妥当なリベラルな国民の正義原則の慣用を通じて適正水準の国民に拡張する過程については、第2部の非理想的理論で提示されている。

このような過程で原初状態の理論装置が活用されており、公的理性の役割が強調されている。その一方で、非理想的理論において無法国家を扱う場合、秩序整然な国民（well-ordered peoples）の防衛戦争権を論ずる不順応な理論（non-compliance theory）と、不利な与件の社会に対する援助の義務（duty of assistance）についての論議は、非常に興味深い[11]。

ロールズの自由主義的正義観は、現在の韓国社会において深い意義をもっている。まず、『正義論』と『政治的自由主義』が提示する自由主義的な正義観は、韓国社会の運命にかかわる実践的な意義をもっており、また『万民の法』を通して提示された自由主義的国際正義観は、韓半島の南北関係および統一問題にも関連している。

現在、韓国社会の性格を分析するに当たってはいろいろな観点がある。これは韓国社会の複合的性格をもち、また性格が時代的な変化とともに、絶えず変わっていくという属性をもっているからである。そのために、現在の視点で把握、規定される韓国社会の性格というのは、暫定的性格を帯びているともいえる。複合的性格は、韓国社会の諸般の葛藤の中に現れており韓国社会の性格を分析するに当たっては、社会経済的観点、多文化的観点、信念の多様化、民族主義、フェミニズム的観点などに区分して、ロールズの正義観を論議しなければならない。

ロールズの正義観に現れた主要概念および原則などを韓国社会の性格と関連させて議論することは、同時に直面している葛藤に対する解決の糸口と原則を探し出すためでもあり、それはまた同時にロールズの正義観のもつ問題点や限界について検証することでもある。

　まず、社会経済的観点から分析する。これはもつ者ともたざる者、資本と労働などの区分を通じて韓国社会の性格を分析するということであるが、このような視角は、社会的正義問題と関連して、恵まれた階層（the more-advantaged group）と、恵まれない階層（the less-advantaged group）とを対比する。そして両集団に即して基本的自由の分野において構造的な不平等論を提起する。対立するこの２つの集団は、正義問題に対して、それぞれに異なる期待と要求を求めている。

　そこには持つ者と持たざる者、また労働と資本の対立などの社会経済的葛藤が存在している。特に「両極化」の現象は、もつ者ともたざる者の潜在的葛藤を具体的に表現している。両極化現象は、今日各社会が直面する今世紀における一般的な趨勢でもあるけれども、韓国における社会経済的な両極化は、所得の格差だけでなく、住居、教育、消費生活を中心にする文化的次元、成功の動機と関連する意識的次元においても進行しており、社会的対立を激化するという憂慮を引き起こしている[12]。それとともに労働と資本の葛藤は、持続的に各種の示威を通して表現されている。

　ロールズの『正義論』の２つの原則の中で、第２原則の１つである格差原理は、上記のような問題を解決するために指針を提供している。格差原理は、社会経済的な不平等が、最少受恵者階層に最大の利益をもたらす時だけを正当化するという強力な平等主義的原則である[13]。

　このような原則は、社会経済的価値の公正な配分のための基準になるが、現実的な合意の局面において多くの問題を露呈している。

　まず格差原理は原初状態の無知のヴェールを前提にして成立する原則であるが、もつ者ともたざる者の分配問題をめぐる合意において、両者は自分の立場を優先させるという観点から出発している。すなわち、これは韓国社会だけに限ったことでないが、無知のヴェールが現実的に作動しにくいということを

意味している。最少受恵者階層は明らかにロールズの格差原理を支持するに違いない。しかし一方では、これと対照的に有利な受恵者階層は、自由競争的分配体制やあるいは最少受恵者階層に最低限の社会的保障（the guaranteed minimum）を条件とする自由主義的な競争的分配体制を選択するだろう。

けれども、無知のヴェールの元来の意味は、各自の立場から離れて、より公正な関係を規定する原則の合意を志向するということである。このような場合、現実を勘案して、どの立場がより妥当性を持つかということが、その立場に説得力を与える。しかし、どの立場がより妥当なのかは、依然として政治的力学関係によって決まるに違いないだろう。

社会経済的な不平等を調整する基本的原則をめぐって、平等主義的な格差原理の発想と自由競争に立脚した分配原則の間の葛藤関係は依然持続している。この５年間の政府の分配原則は、より平等主義的基調に傾いていると評価されているが、近年の政治的状況をみると、後者の解決方向へと推移していると思われる。

一方、多文化的観点からも社会性格を展望することができる。かつて韓国人たちは、意識的また無意識的に韓国人は「単一言語と文化に基盤する単一民族」であるという意識をもっていた。しかし今日の韓国社会の変化は、このような神話を崩し始めている。

韓国に在留する外国人の増加、国際結婚率の上昇、また外国人労働者および北朝鮮離脱住民の増加などによって、韓国社会は単一文化と単一民族から、徐々に多文化および多民族化の社会へと変化してきた。これとともに、彼らの権利保護問題は韓国社会の中で新しい論争の争点として浮上している。ロールズの正義の２つの原則の中の第１原則は、基本的自由の平等原則に要約されているが、これは特定の政治社会で市民に適用する市民権の保障ということを目的としている。

したがって、この場合の議論は、再婚およびその他の理由で韓国籍を取得した外国人市民と、不法滞在労働者などの韓国の市民権の取得ができない者、また、取得する意思がない者を区分する必要がある。その中で、不法滞在労働者などの韓国籍を取得できない者、または取得する意思がない人々は、ロールズ

の『正義論』の第１原則が提示する基本権の保障とは無関係である。そのため市民権なしに韓国に長期間滞在する人々に対する処遇は、市民の権利というより人間としてもつべく普遍的権利という人権（human rights）の次元において論議しなければならない[14]。

　これはロールズが『万民の法』の中で提示している自由主義的国際社会の正義観における人権の保護問題に該当する。ロールズの『万民の法』は、人権を国際社会に適用する普遍的概念と見なしており、最小限の概念として規定している。ロールズが提示する国際社会に通用する人権の内容は、生命権（生存と安全）、自由権（奴隷、農奴および強制的占領からの自由、宗教と思想の自由を保障する良心の自由に対する充分な措置）、個人の財産権（the right to personal property）、自然的正義の諸規則（the rules of natural justice）として表現する形式的平等（例えば、「類似の場合は類似に」処理する原則）などである[15]。

　しかしながら、今日の韓国社会で、韓国籍なしに韓国に長期間居住する外国人に対して、このような人権の保護が成り立っているとは言い難い。今後ロールズの人権概念は、韓国社会の労働およびその他の理由で不法および合法的に居住する人々を処遇するための有用な基準になろう。

　一方、国際結婚率の増加は、韓国社会に大きな変化をもたらしている[16]。国際結婚で韓国人になった彼らは、韓国国民とともにロールズの正義第１原則の基本的自由の享受という同等の権利をもつようになった。それにもかかわらず、彼らやその子女たちが言語および文化的障害によって、基本的自由を享受するに当たっては、不利な立場に置かれていることは確かである。

　このような問題を解決するために、多文化主義（multiculturalism）[17]の理論家たちが主張しているように、彼らに対してより積極的な配慮政治の構築が必要である。しかし事実上、ロールズの正義論の中では文化および言語による不平等問題の発生は取り上げられていない。このような問題を解決するためには、ロールズの正義観のほかに多文化主義の理論に基づいて、その解決の糸口を探さなければならない。

　また、韓国社会の変化の一つの表れは、多様な信念の登場である。同性愛の

権利、兵役拒否というような少数者の権利主張が台頭している。このような少数者の権利の主張は2つの側面をもっている。

　一つは、ロールズの正義論が自由と権利を持つ個人を中心に成り立っているので、特定の人種および文化集団、または少数集団が要求する差別的権利（differentiated rights）として表現する集団的権利の主張や、それについての特別な指針を提供していないということである。このような差別的権利の主張は、多文化主義やアイデンティティ・ポリティクス（politics of identity）の主張と関連している。

　もう一つは、ロールズが『政治的自由主義』の中で言及している「妥当な多元主義の事実」（the fact of reasonable pluralism）による「妥当な不一致」（reasonable disagreement）[18]ということが、次第に可視化されているということである。

　ロールズの『政治的自由主義』は、妥当な宗教的、哲学的、道徳的な教理によって妥当な多元主義の現実において、このような教理が支持する公的正義観を提示しようとしている。そしてロールズは、このような妥当な多元主義現実を自由民主社会の中で、自然に現れる政治文化の特徴と見なしている。このようなロールズの問題認識は、韓国社会においても経験できる現実である。

　したがって、ロールズが提示する代表の装置（device of representation）としての原初状態の核心、すなわち無知のヴェールの制約は、それぞれの教理および信念の極端な主張を緩和するための手助けになる。そして、韓国社会における市民の妥当性（the reasonable）の能力と公的理性（public reason）の活用を通じて、教理と信念の間の不一致を克服するという政治的解決の志向が、実用主義的指針を提供してくれるだろう。

　すなわち、それぞれの教理および信念がもつ道徳的妥当性より、現実的な諸課題の解決策構築のほうが、より政治的妥当性をもっているのではないかという問題認識は、韓国社会の諸般の葛藤を解決するために現実的な意義をもっている。

　もう1つの観点は、フェミニズム（feminism）の視角から韓国社会の性格を透視するということである。これは公的および非公的な領域で発生している

男女不平等問題を通じて、韓国社会を解剖するということである。韓国社会では、依然として公的および非公的領域で、男性支配の現象を目撃することができる。家族内の構造、社会一般の慣行そして国家および政府の公的領域で活躍している女性の数、彼女たちが置かれている意思決定の構造を通じて見るならば、韓国社会は依然として男女不平等社会だといえる。

ロールズの『正義論』は、男女不平問題は正義の2つの原則の下に解決できると仮定しているが、個人それぞれに基本的自由を平等的に保障し（第1原則）、そして社会経済的保障の装置として、格差原則と公正な機会平等の原則（第2原則）を保障するということによって、男女全員がそれぞれの人生を平等的に歩むことができると期待している。

しかし現実は、このような期待と裏腹に、また多くの理論家たちが指摘しているように、事実上の男女不平等という実態を固着させる余地を生じている。というのは、例え公式的な正義原則が男女平等を志向するといっても、公的および非公的の領域の中に残されているさまざまの慣行と基準は、依然として男性中心に構造化されているからである[19]。

確かに各種の公的領域では、女性の進出と活躍が著しくなっている。しかしこのような公的領域を支配する基準や文化および論理は依然として男性中心であり、市民社会の広範囲な領域を支配しているのも依然に男性である。家庭内でも同様であり、家族内の文化というのは相変わらず男性を中心に成り立っている。

特にロールズは『政治的自由主義』の中で、公的領域を、政治的な領域と非公的市民社会の領域とに分けて、憲法的本質のような社会の基本構造を運営する正義原則を導出しようとしている。けれども、市民社会はもちろんのこと、政治文化全般にわたって広範囲的に男性中心的な文化が安定している場合、ロールズの個人の権利と自由を中心にして展開している自由主義的正義観は、男女不平等問題を解決する点で限界がある。

最後に、民族主義的視点から韓国社会の性格を分析するが、ロールズの正義観と結び付けて議論を展開してみたい。

韓国人は単一言語と単一文化を基盤とした単一民族を中心に民族国家を形

成してきた。したがって、いまの韓国人の中には単一言語、単一文化、単一民族という意識が強い。このような民族意識は、近年の国際結婚、外国人労働者の増加などによって、多少の変化を見せているけれども、それでも支配的な民族意識が根強く存在している。ある実証的な研究調査によれば、「韓国籍を取得した外国人を韓民族と見做しているか」という質問に対して、年令別に多少の差を見せてはいるが、調査対象の1,038人のうち、わずかに28.1%しか肯定的な回答をしていない[20]。

これは韓国人の民族意識が、依然として血縁的同質性を重要視していることを意味する。しかし問題は、このような民族意識が個人の自由と権利を中心的価値とする自由主義政治理論、より具体的にいえばロールズの自由主義的正義論とどのように関連しているかということであり、おそらくそれが議論の争点になろう。もし、民族認識を基盤とした韓国人の民族的アイデンティティが、個人の自由ということより、大きな比重を占めているということであるならば、後者の価値は前者の価値によって制約される。逆に後者の価値が前者の価値より重要な比重を占めているならば、前者の価値は後者の価値によって評価される。このような論議は、事実上自由主義的民族主義（liberal nationalism）の論議と相関する[21]。

韓国人の単一民族意識は、ロールズの正義観と関連して、次の2つの方向で検討することができる。第一の方向として、1つの政治共同体に対する認識と個人の自由との関係について論議する。韓国の民族意識は、政治共同体に対する優先的な価値をその構成員に要求している。この問題はロールズの正義観との関連において、さらに2つの観点から考察することが可能である。

1つ目は、韓国人の民族認識は、韓国の共同体に対する優先的献身を要求し、それと同時に公と私の領域で韓国人の相互間の自発的な支援の義務を勧奨している。これはロールズの自由主義的平等主義（liberal equality）を実現する政治共同体の紐帯的基盤を提供している。

2つ目は、このような民族的共同体に対する献身は、個人の自由より共同体の隆盛と発展のほうに大きな比重を置いており、これは個人の自由と権利の領域を相対的に制限する結果をもたらすといえる。韓国政治は社会諸般領域にお

いて自由的競争体制を採択しているけれども、その競争は民族全体の安全と和合を維持するための平等主義的基調と慣行から逸脱することができないように機能している。一方で、ロールズの『正義論』の第一原則でも列挙している基本的自由の保障は、韓国国民全体の和合と安定のために、ある程度制限されている。

　第2の方向は、受容（inclusion）と排除（exclusion）にかかわる問題である。韓国人の共通的な歴史と文化および言語を基盤とした単一民族の意識は、IMFによってもたらされた国家的危機を乗り越える集団的結束の原動力になると同時に、排他性および画一性のような否定的要素も含まれている[22]。しかしこのような単一民族の意識は、上で述べたように、近年韓国へ新たに流入する言語、文化、人種を異にする韓国国民の増加によって挑戦を受けている。単一民族の意識は、新たに移住するこのような韓国人に対して、社会の日常生活全般にわたって排除の形態で現れる恐れがある。ロールズの『正義論』は正義第1原則を通じて市民の基本的自由の平等性を公式的に保障してはいるが、社会の現実的慣行を統制するためには、依然として限界がある。

　また、韓国人の民族意識とロールズの自由主義的正義論との関連という視角から、韓半島の南北関係および統一問題について言及しておきたい。上で述べたように、ロールズは『万民の法』を通じて自由主義的国際正義観を提示している。特に彼は『万民の法』の非理想的理論の中で、人権を尊守しない無法国家（outlaw state）に対して、よく秩序づけられた国民（well-ordered peoples）の自己防御の戦争権を論じており、不利な与件の社会（societies burdened by unfavourable conditions）に対しては援助の義務（duty of assistance）[23]を強調している。ロールズの自由主義的国際正義観に照らしてみれば、北朝鮮の政治体制を非自由主義的社会（non-liberal society）と見なしても異論はないだろう。しかし、北朝鮮政治体制を無法国家と見なすか、それとも不利な与件の社会と見なすかということについては、議論の余地がある。

　北朝鮮では、広範囲な領域で基本的人権が制約されているという点では、無法国家的性格をもっている[24]。けれども他方で、現代国際社会の多くの国々と

対照してみれば、政治的、経済的、社会的な諸般の領域において発展水準が低い。その面では不利な与件の社会の性格をもっている。

このように北朝鮮は、無法国家的性格と不利な与件の社会の性格を同時にもつ、複合的な性格の社会であろう。

これに関連して、現在韓国の国民は、北朝鮮に対して相異な立場をとっている。その1つは、ロールズの国際正義観で強調されているように、人権および個人の自由と権利に重点を置くという立場である。すなわち、北朝鮮体制の無法国家的性格の問題点を指摘し、北朝鮮体制の性格を自由主義民主的社会へと転換するよう積極的に圧力を行使すると同時に、北への支援を要求するということである。もう1つは、北朝鮮の不利な与件の社会の性格に焦点を当てて、北朝鮮社会が自ら適正水準の社会に到達するよう支援を強調するという立場である。

このような相反する立場は、韓国国内の進歩と保守という論争を通じて現れている。保守的立場は、積極的に北朝鮮政治体制の変化を促しており、進歩的立場は自由主義的民主的価値よりは民族の価値のほうを優先し、北朝鮮との交流・協力の構築はもちろんのこと、北朝鮮に対する支援に力点を置きつつ、北朝鮮の政治体制の漸進的変化を期待している[25]。これは自由主義的価値と民族的価値の間の葛藤が現実的に表現されているものといえる。

『正義論』と『政治的自由主義』で提示されたロールズの正義観によれば、北朝鮮の政治体制は非自由主義的絶対主義体制であり、その政治的正当性を認められていない。けれども、国際社会を多元主義的視角で把握するというロールズの視点に遵うならば、そこにまた相異なる解釈が可能になる。

前述のように、ロールズは政治文化を中心に国際社会を5つの国民または社会に分類している。この議論は相異なる政治文化を持つ国民の相互間の寛容を前提にしている。もちろんその条件は人権の遵守の可否である。ロールズの国際社会観は、独特の政治文化を持つ国民の集団的自律権（collective autonomy）をある程度受容している。ところが、適正水準の社会をはじめ、非自由的社会の集団的自律権は、構成員の個人的自律権（individual autonomy）を保障しない。

このような場合、ロールズの自由主義的国際社会の正義観は、集団的自律権と個人的自律権との葛藤、それに対する解決の原則と方向を提示していない。ロールズの見解は集団的自律権をどこまで認めるかという寛容のジレンマを見せているが、適正水準に到達していない北朝鮮のような無法国家的性格と不利な与件の社会の性格を同時に持つ政治社会に対しても、ロールズの正義観は集団的自律権と個人的自律権の葛藤に対する解決の原則を明示していない。

3. 韓国からみるロールズの正義観

以上で、ロールズの正義観を韓国社会の性格と関連して、さまざまな観点から議論し、さらに韓国社会が抱えている問題点とロールズの正義観の限界をも同時に検討してきた。しかしこのような議論より重要なのは、おそらくロールズの正義観と、韓国社会に黙示的に内在している韓国的正義観とを対比的に議論するということであろう。これは序論で明らかにしたロールズの正義論の韓国受容過程の第3段階の議論、すなわち反省的平衡段階での議論に該当する。

この段階での論議は、西欧的な価値観と韓国的な価値観（または東洋的価値観）が混在している現在の韓国社会がもつ複合的性格と連関している。西欧的価値の核心は、個人の自由と権利の尊重という点に集約されているが、韓国社会では社会諸般の領域（公式的領域と非公式的領域）の中に、個人の価値が内在化されている。これはB・コンスタンのいうような近代人の自由（the liberty of the moderns）が表現する個人的独立性と個人的楽しみおよび幸福追求の自由であろう[26]。

これは現代的価値観からも表現できる。個人主義的価値観が韓国社会に深く内在化しているという点を勘案するならば、それは韓国社会の性格として位置づけることができる。ただし、このような個人の自由と権利の価値は現代自由民主社会がもっているというより、一般的価値だといったほうが相応しい。

一方、このような個人主義的価値と区別される韓国的価値（または東洋的価値）では、家族的紐帯感および共同体への所属感、人間の相互依存的関係の重視などが、韓国人の生活の隅々に深く根づいている。おそらく現代韓国人の生

活を支配する論理は、個人の自由と権利意識というより、むしろこのような相互依存的人間関係を基盤しているといったほうがよいであろう[27]。相互依存的人間関係は、家族意識、同窓意識、同文意識、地域意識、民族意識などを通じて表れている。このような「同胎生的意識」は、韓国社会の原動力になっているけれども、個人の自由・権利と衝突している。西欧的な個人主義的価値と韓国の伝統的な生活から成り立つ韓国的な相互依存的価値意識は、韓国社会の基盤となる正義を把握する際に、相異なる観点を必要としている。

　現代韓国社会に生きている伝統的な韓国的価値は、主に家族意識と共同体への所属感である。これは事実上、韓国人の民族意識を形成する基盤になっている。この観点は、現代韓国人を、現代韓国社会を形成する政治的共同体と見なす。つまり、共同体の所属感が個人のアイデンティティの重要な部分になっているために個人の自由と権利とを共同体の所属感と同等な比重で均衡的に考慮しなければならないという論理であり、民族的価値を自由主義的な個人的価値の一部として把握することを意味する。さらに、共同体自体の持つ共同性に最大の比重を置くということである。このような認識は、自由主義政治哲学が政治社会を契約の産物として見なし、個人の自由と権利を保護しようとする認識とは相反する。

　韓国的な共同体意識とは、共同体があるから個人が自由を享受することができると考えることである。また韓国的伝統、言語、文化が韓国社会を総体的に形成する要因になっているとしている。このような認識は、韓国という独特な政治共同体が、独特な文化、伝統、言語を形成し、発展させる空間になっていることに基づいて、その独特な政治共同体自体が共同性の基礎であると主張している。

　したがって、韓国人の民族意識を基盤とした共同体意識は、個人の自由と能力を共同体の繁栄のために用いることを一次的に要求する。このような要求は、絶えず、現代人の自由とも言える個人的自律性および独立性、そして個人的な安楽と幸福を追求する自由主義の主張から、挑戦を受けつづけている。

　韓国という民族的政治共同体を超えて、世界市民的価値や世界市民主義的立場と両立できる方向への道を、具体的にどのように開拓したらよいのかは、未

来の課題として残されている。

　しかしながら、その可能な方向は2つある。1つは、排他より包容という可能性を拡大していくという方向であり、もう1つは、世界市民主義的価値や個人主義的自由と権利の概念を通じて、韓国人の民族意識をより普遍的に拡大していくという方向である。

　韓国的な正義観からみる場合、ロールズの政治的正義観の中心をなす公的正義観への信頼に疑問が生じる。ロールズの正義観は、正義また正義原則が契約や合意、また構成的産物であると理解している。このように形成された正義原則は、公的な人間関係を規律する原則である。一方、韓国人の正義観からすれば、このような公的正義観は広範囲な人間関係に適用できる望ましい行動の原則の正義として見做されており、それは普遍的正義観または自然的正義観（natural justice）[28]としての性格をもっているとしている。

　これらの根本的な基盤は相互依存的人間関係を律する規範である。この原理は、ある意味では、道徳的規範と正義の概念を区別しない、一般的な人間関係を規律する原則ともいえる。

　もし、ロールズの政治的正義観が、市民社会における包括的教理の間の妥当な不一致を調律する公的正義だというならば、韓国社会に内在している正義観は、より一般的であり、普遍的自然的な正義観として、ロールズの公的正義観を批判的に検討するための基盤を提供している。

4. 結　　論

　ロールズの正義観は、例え韓国の民主化に直接的に影響を与えていないとしても、韓国社会の自由民主化の深化につれて、韓国社会が経験している多くの問題に解決の糸口を提供している。ただし、西欧の自由民主的伝統と歴史を背景にして成り立ったロールズの正義観には、韓国においては非自由主義的伝統の価値を充分に受容し得ない理論的な限界があるのも確かである。

　ロールズの正義観の中心内容は、彼の『正義論』の第1原理で提示した基本的自由の平等であり、それがいま個人の自由と権利の保障の欠如という現実

を改善するための、重要な指針を提供している。その一方で、共同体意識や共同善の実現において、社会的関係をいかに調和したらよいか、という課題が残されている。またロールズの第2の正義原則の核心である格差原理は、両極化現象として指摘されている韓国社会の現在の不平等問題を解決するための、限界をもっているにもかかわらず多くの肯定的な示唆を提供している。

確かにロールズの自由主義的正義観は、多文化、多人種化、多言語化になっていく社会に対して、より積極的な解決の原則を提示することはできないが、社会の発展とともに、新しい信念や価値観の登場による妥当な不一致の台頭や男女不平等問題の解決のために、ロールズの原初状態の仮説、妥当性および公的理性の概念は、上記のような韓国社会の諸葛藤を解消し、政治的和合を図るための重要な糸口を提供している。また韓国人の民族意識に対する反省的思考を要求し、南北問題の解決および統一志向における自由主義的価値と民族的価値の間の葛藤を解消するための基本的枠を提供している。全体的に見れば、ロールズの自由主義的平等主義的な正義観は、自由至上主義的正義観（libertarianism）より、比較的に韓国人の平等主義的、共同体主義的意識に符合するところが多い。もし、ロールズの自由主義的平等主義が、個人の自由と基本的権利を平等的に実現する成果として現れたとするならば、韓国人のロールズの自由主義的平等主義に対する韓国人の主張は、次のような相互依存的関係の認識の中にその固有の根拠を置いている。すなわち韓国人は、韓国の文化と伝統の中の相互依存的関係を重視し、それを通じて、有機的共同体を形成している。つまり、この相互依存的関係を通じて個人の自由を実現するという認識をもっているが、ロールズの正義観は、韓国人の家族意識、共同体紐帯意識、民族意識を通じて現れる非自由主義的慣行を批判する論拠をも提供している。

特に韓国の立場にたって分析する場合、ロールズの自由主義的正義観は、韓国社会の基盤である家族意識や共同体意識および民族意識と、絶え間ない葛藤の中で展開していくだろう。

そのような展開とは、およそ次のようなものである。すなわち、一方で、個人主義的な自由主義価値は反省的平衡の過程で理解される。すなわち、個人主義的な自由主義価値が、家族的価値、共同体的価値および民族価値によって評

価され、ある程度その比重が認められるか、あるいは逆に家族的価値、共同体的価値および民族価値が自由主義的価値によって評価され、その重要性が認められるかという二側面の過程における理解を通じての展開である。

[翻訳　白　榮勲、邊　英浩]

＊本章は、岡山大学大学院社会文化科学研究科『文化共生学』第7号(2009.3)に掲載されたものを再録したものである。

注
1) ロールズの『正義論』(Theory of Justice, 1971)が導入される経緯と翻訳過程については、ジョン・ロールズ著、黄景植翻訳(1985)『社会正義論』ソウル：曙光社 7-8 を参照のこと。韓国で A Theory of Justice (1971) の最初の翻訳は、黄景植教授によって『社会正義論』として第1部原理論が翻訳され、1977年に出版された。
2) ロールズの反省的平衡 (reflective equilibrium) の概念については、Rawls, A Theory of Justice (1971), 20, 48-50 を参照のこと。この文章の中で、反省的平衡の概念は新しい正義観を模索するために、既存の正義観に対する総体的な批判的検討という広範囲な意味で使用している。
3) このような三段階の受容過程は、時間を厳格に区分するというよりは、受容過程の特徴を中心に大略的に分けている。したがって、それぞれの段階でも程度の差はある。三段階の特徴である積極的理解、批判的検討、対案的政治観の模索努力などが混在しているが、全体的流れを見る場合、このような過程を経たと分析する。ロールズ正義論の三段階受容過程に関する著者の立場に対して、張東震「西洋正義理論の東アジア受容：ロールズの正義理論の韓国的理解」(2006年秋)『政治思想研究』第12集2号、80-100 を参照のこと。現在韓国ではロールズの著書 A Theory of Justice (Revised Edition, 1999), Political Liberalism (1993), The Law of Peoples (1999) を韓国語でそれぞれ『正義論』(2003)、『政治的自由主義』(1998)、『万民法』(2000) という書名で翻訳されている。
4) John Rawls (1971) A Theory of Justice, Cambridge: The Belknap Press of Harvard University Press, 3-4.
5) Rawls (1971) A Theory of Justice, 60: "First: each person is to have an equal right to the most extensive basic liberty compatible with a similar liberty for others. Second: social and economic inequalities are to be arranged so that they are both (a) reasonably expected to be to everyone's advantage, and (b) attached to positions and offices open to all."
6) Rawls (1971) A Theory of Justice, 12, 136-142.

7) Rawls (1971) *A Theory of Justice*, 72-75.
8) Rawls (1999) *A Theory of Justice*, Revised Edition, 14-15.
9) John Rawls (1993) *Political Liberalism* (New York: Columbia University Press), 4.
10) Rawls, *Political Liberalism*, 5-6, 1993: "a. Each person has an equal claim to a fully adequate scheme of equal basic rights and liberties, which scheme is compatible with the same scheme for all; and in this scheme the equal political liberties, and only those liberties, are to be guaranteed their fair value. b. Social and economic inequalities are to satisfy two conditions: first, they are to be attached to positions and offices open to all under conditions of fair equality of opportunity; and second, they are to be to the greatest benefit of the least advantaged members of society."
11) 詳細については、Rawls, *The Law of Peoples* (Cambridge: Harvard University Press, 1999) を参照のこと。
12) 金文朝 (2007)「韓国社会の両極化:診断と展望」韓国政治学科・韓国社会学会共編『韓国社会の新たな葛藤と国民統合』ソウル人間愛情、330-331.
13) Rawls (1971) *A Theory of Justice*, 83.
14) 張東震・黄珉赫 (2007)「外国人労働者と韓国民族主義:自由主義的民族主義を通して包容可能性と限界」『二十一世紀政治学学会報』第17集3号、240-252.
15) Rawls (1999) *The Law of Peoples*, 65.
16) 韓国で1990年から2005年の16年間の国際結婚の件数は24万0,755件である。そのうち1990年から2005年までに韓国の男性と結婚した外国人女性は15万9,942人であり、韓国人女性と結婚した外国の男性は8万813人である。薛東勲他 (2006)「結婚移民者家族実態調査および中長期支援政策方案の研究」韓国女性家族部、vi.
17) 多文化主義についての詳細な議論は、Kymlicka (2002) *Contemporary Political Philosophy*, Second Edition (Oxford: Oxford University Press), 327-376; Kymlicka, *Multicultural Citizenship* (Oxford: Clarendon Press, 1995) を参照のこと。
18) Rawls (1993) *Political Liberalism*, 36, 55.
19) *Contemporary Political Philosophy* (2002) 378-398 を参照のこと。
20) 康元澤 (2007)「韓国人の国家整体性と民族整体性」康元澤他「韓国人の国家整体性と韓国政治」ソウル、나남出版、26.
21) Tamir (타미르) は、なぜ「私は自分の民族的所属観よりも、自由主義的信念をもっと選好しなければならないか」という疑問を提起している。Yael Tamir, *Liberal Nationalism* (1993) Princeton University Press, 5.
22) 金光億 (2006)「韓国文化論の政治人類学的断面:『世界化』と『身土不二』の間に」金正午他『韓国社会のアイデンティティとクローバル標準の受容』ソウル、ソウル大学出版部、122-124.

23) ロールズの援助の義務（duty of assistance）は、不利な与件の社会が適正水準に至るようになれば、援助の義務が終わる中断点（cutoff point）があるということで、ロールズの国内社会に適用される平等主義的な格差原理（the difference principle）と区分している。格差原理は自由的社会の基本構造を成す正義原則として中断点はない。詳細な論議は、Rawls（1999）*The Law of Peoples*、105-120 を参照のこと。
24) 北朝鮮の人権実態については、統一研究院『2007 年北韓人権白書』（ソウル統一研究院 2007 年）を参照のこと。
25) 北朝鮮の人権問題に関する韓国の多様な観点の分析については、北韓の人権問題に対する南韓の多様な観点に対する分析から Bo-hyuk Suh,（2007）"Controversies over North Korean Human Rights in South KoreanSociety," *Asian Perspective*, Vol. 31, No.2: 23-46 を参照のこと。
26) Benjamin Constant,（1988）"The Liberty of the Ancients Compared with That of the Moderns," Benjamin Constant, Political Writings, edited by *Biancamaria Fontana* Cambridge: Cambridge University Press, 309-328.
27) 東洋人と西欧人の間には、自己概念をはじめ性格だけでなく考え方、記憶、判断および言語などのような認知の特性に差を見せている。そして中国人、日本人など東洋人の場合は相互依存的な自己概念を、そしてアメリカ人など西洋人は独立的な自己概念をとそれぞれにもっているという。韓国人の相互依存的自己概念について、金正午（2006）「韓国人のアイデンティティ：相互依存的自己概念」、金正午他『韓国社会の整体性とグローバル標準の受容』ソウル、ソウル大学出版部、27-77 を参照のこと。
28) ロールズは『万民の法』の中で「類似の場合は類似に処理しなければならない」という原則のような自然的正義（natural justice）の概念を提示しているが、これ以上発展させておらず、また彼の正義論で重要な位置を占めていない。Rawls（1999）*The Law of Peoples*、65.

参照文献

康元澤（2007）「韓国の国家整体性と民族整体性・大韓民国民族主義」강원택編『韓国人の国家整体性と韓国政治』ソウル、ナナム出版、15-38.

金光億（2006）「韓国文化論の政治人類学的断面：『身土不二』の間で」金正午他『韓国社会の整体性とグローバル標準の受容』ソウル　ソウル大学出版部、81-143.

金文朝「韓国社会の両極化：診断と展望」韓国政治学会・韓国社会学会共編『韓国社会の新たな葛藤と国民統合』ソウル、인간사랑（人間愛情）.

金正午（2006）「韓国人のアイデンティティ：相互依存的自己概念」金正午他『韓国社会のアイデンティティとグローバル標準の受容』ソウル、ソウル大学出版部、27-77.

文智暎（2007）「韓国の民主化と『正義』談論」『政治思想研究』第 13 集 2 号、31-55.

薛東勲他（2006）「結構移民者家族実態調査および中長期支援政策方案研究」韓国女性家族部．
張東震（2006）「西洋正義論の東アジア受容：ロールズ正義議論の韓国的理解」『政治思想研究』第12集2号、80-100．
張東震　黄珉赫（2007）「外国人労働者と韓国民族主義：自由主義的民族主義を通じる包容可能性と限界」、『二十一世紀政治学会報』第17集3号、231-256．
ゾーンロールズ作・黄景植翻訳（1985）『社会正義論』ソウル서광社統一研究院『2007北韓人権白書』（ソウル統一研究院）．
Constant, Benjamin (1988) *Political Writings*. Edited by Biancamaria Fontana, Cambridge: Cambridge University Press.
Kymlicka, Will (2002) *Contemporary Political Philosophy*. Second Edition, Oxford: Oxford University Press.
Kymlicka, Will (1955) *Multicultural Citizenship*. Oxford: Clarendon Press.
Rawls, John (1971) *A Theory of Justice*. Cambridge: The Belknap Press of Harvard University Press.
Rawls, John (1993) *Political Liberalism*. New York: Columbia University Press.
Rawls, John (1999) *The Law of Peoples*. Cambridge: Harvard University Press.
Suh, Bo-hyuk. (2007) "Controversies over North Korean Human Rights in South Korean Society." *Asian Perspective*, Vol. 31, No. 2, 23-46.
Tamir, Yael (1993) *Liberal Nationalism*. Princeton: Princeton University Press.

第9章　民主的個人性について
― 北村透谷からジョージ・ケイティブへ ―

小田川大典

> 友よ、デモクラシーはたんなる選挙や政治や政党名のための言葉ではない。この言葉は、慣習として、すなわち、宗教や文学やカレッジや学校での、人と人との、信念と信念との最高の相互行為として広まり、開花し、結実したときに、はじめて意味を持つのだ。
>
> ウォルト・ホイットマン「民主主義の展望」

> あえて強い言い方をするなら、我々は、デモクラシーを、市民がそこそこ忠実に政治的義務を果たしてさえいれば作動し続ける、ある種の政治的な機械と考えることに馴れてしまったのである。……こうした外面的なものの考え方を克服するには、つぎのことを思想と行動において実現する以外にない。すなわち、デモクラシーとは、ひとりひとりの個人としての生活様式であるということ、デモクラシーとは、ある特定の態度を身につけ、それをつねに実行することによって、人格的な性格を形成し、生活のあらゆる関係において欲求と目的とを決定することを意味しているということを、である。自分の気質や習慣を特定の制度に従わせることを考えるのではなく、むしろ制度の方を、習慣的に根付いている我々の人格的な態度の表現、投影、拡大として捉えることを身につけなければならないのである。
>
> ジョン・デューイ「創造的なデモクラシー――これからの課題」

1. 問題の所在
― 非制度的デモクラシー論の伝統における「離脱」と「関与」―

凡そ一国民として欠く可からざるものは、其の一致的活動なり。活動、われは之を心性の上に於いて云う、政治的活動の如きは我が関り知る所にあらざればなり。……何を以て、国民に心性上の結合を与へん。……吾人は多言を須ひずして知る、尤も多く平等を教ふるもの、尤も多く最多数の幸福を図るもの、尤も多くヒューマ

ニチーを発育するもの、尤も多く人間の運命を示すもの、即ち、此目的に適合する事尤も多き者なるを。斯の如く余はインヂビジュアリズムの信者なり、デモクラシーの敬愛者なり。

北村透谷「国民と思想」

政治体制としてのデモクラシーが形骸化し、ある種の衆愚政へと堕落したとき、ひとはそれをどのような観点から批判することができるだろうか。おそらくヨーロッパの政治思想において一つの有力な立脚点はアリストクラシー――伝統的な身分的アリストクラシーであれ知的なエリート支配としての自然的アリストクラシーであれ――であった[1]。だが、例えばアメリカや日本のように、身分制としてのアリストクラシーを持たなかった国においては、デモクラシーの堕落をデモクラシーの倫理という観点から、換言すれば、制度としてのデモクラシーの現実に対して非制度的なデモクラシーの理念の観点から批判を展開するという伝統の存在が認められる。例えばアメリカの思想史を振り返るならば、詩人のホイットマンは、南北戦争後における制度としてのデモクラシーの形骸化を批判し、「デモクラティックな人格」を重んじる倫理的な人格主義を唱えた[2]。また、20世紀のはじめには、デューイが、デモクラシーを専ら制度と捉える見方を批判し、エマーソンやホイットマンを念頭に置きつつ、誰もが平等に参加できる知的探求としての「精神のデモクラシー」論や、倫理的な「生活様式としてのデモクラシー」論を展開している[3]。また、近年では、哲学者のリチャード・ローティが、こうした非制度的なデモクラシー論の伝統を、「アメリカ国民の誇り」を支えうる「新しい疑似共同体主義的レトリック」へと改鋳したこともよく知られている[4]。

制度としてのデモクラシーの現実が世俗の利益にまみれるとき、たんなる制度を超越する何かとして人びとの心を捉えずにはおかない魂のデモクラシー。近代日本の思想史を眺めるとき、我々はそのひとつの表現を、例えば自由民権運動末期の文人たちの、就中、悲劇の詩人北村透谷の作品の中に見いだすことができるのではないだろうか。没落士族の息子ゆえの苦境の中で育った透谷北村門太郎は、1881年、泰明小学校在学中に自由民権運動の洗礼を受け、親友大矢正夫らとともに運動に身を投じるが、1885年、大井憲太郎らの企てた所

謂「大阪事件」をきっかけとして政治運動から離反する。青年政客の粗暴で底の浅い英雄主義への嫌悪感を募らせていた透谷は、運動の軍資金獲得のために強盗まで企てる当時の政治運動の醜状に抑えがたい違和感を抱くに至る[5]。透谷曰く、

> 彼等壮士の輩何をか成さんとする、余は既に彼等の放縦にして共に計るに足らざるを知り、恍然として自ら其群を逃れたり、彼等の暴を制せんとするは好し、然れども暴を以て暴を制せんとするは、之果して何事ぞ、暴を撃つが為めには兵器も提げて起る可し、然れども其兵器は暴の剣なる可からず、須く真理の鎗なる可きなり、真理を以て戦う可し、剣と鎗とを以て戦う可からず、独り吾等の腕を以て戦うは非なり、将に神の力を借りて戦はざる可らず[6]、

> この時〔大阪事件——引用者〕に至りて我は既に政界の醜状を悪くむの念漸く専らにして、利剣を把つて義友と事を共にするの志よりも、静かに白雲を趁ふて千峰万峰を攀づるの談興に耽るの思望大なりければ、義友を失ふの悲しみは胸に余りしかども、私かに我が去就を紛々たる政界の外に置かんとは定めぬ[7]。

宮川透らがいうように、ここで表明されている「紛々たる政界の外」において——「暴の剣」ではなく——「真理の鎗」で戦うという決断には、たんなる自由民権運動の挫折というネガティヴな現実に尽くすことのできない、近代日本思想における「実世界」から「想世界」への転回というポジティヴなモーメントを見いだすことができる[8]。すなわち、大阪事件以降の透谷の「政治から文学への転身」は、確かに一面においては「《実世界》における挫折、それ故の《想世界》への後退」という政治からの離脱(デタッチメント)を意味するものではあったが、他面では「『放縦』な『壮士の輩』の生理と論理に象徴される『政界の醜状』に対する抵抗、それ故のあるべき《内面世界》の構築」を意味するものとして「二様の意味」を帯びていたのである[9]。

だが、そのようにして形成された透谷の「想世界」論には、確かにエマーソンやホイットマンの魂のデモクラシーは認められるものの、現実政治へ関与のモーメントはほとんど皆無ではなかったか。換言すれば、むしろ現実へのコミットメント——「人生に相渉る」——を原理的に拒否していることこそが、透谷の「想世界」論の核心ではなかったか。周知のように透谷は、山路愛山と

の「人生相渉論争」において、自らの「真理の鎗」による戦いとしての文学的営為を、「文章即ち事業なり」と主張する愛山の「文学のユチリテイー論」に抗しつつ、「空を撃ち虚を狙ひ、空の空なる事業を」なす「純文学」として研ぎ澄ましていくことになる。この論争は、「卑俗な実利主義者」愛山と「純文学」の悲劇的な詩人透谷という、あまりにも鮮やかな対比を読者に印象づけてきたが、平岡敏夫によれば、愛山と透谷の相違は、「事業」対「純文学」あるいは功利主義的文学観対自律的文学観といった単純な対立ではなく、文学をたんなる空虚な「繊巧細弱なる文学」として貶める同時代の風潮への抵抗という共通の問題意識の下での、戦略上の違いにすぎなかった[10]。事実、愛山は「卑俗な実利主義者」などではなく、彼もまたキリストが成し遂げた「万世に亘れる精神界の事業」を高く評価していたのであり、透谷はただ、そのエキセントリックなまでの「高遠なる虚想」への固執故に、愛山の「事業」が「思想の活動」だということを冷静に評価することができなかっただけなのである。

　では、文学を徒事と貶める同時代の風潮に対抗すべく両者が採った戦略の違いとはどのようなものであったのか。坂本多加雄は、それを、ハナ・アーレントが『人間の条件』で提示している「不死」(immortality) と「永遠」(eternity) の対立として捉え直すことを試みている。すなわち、愛山にとって文学とは、政治生活への積極的な参加（「活動的生活 vita activa」）を通じて死後も政治社会の記憶の中にとどまり続ける「不死」の追求であり、透谷にとっての文学とは、現世的な営みにとらわれない「観照的生活」(vita contemplativa) によって来世での「内部生命」の「永遠」を垣間見ることであったのだという見立てである[11]。

　アーレントを援用しつつ、世俗的な政治生活との距離感――「不死」のコミットメントと「永遠」のデタッチメント――との関連で両者の対立を捉える坂本の大胆な解釈は、愛山の位置づけのみならず、近代日本における「知識」「思想」の役割についての根本的な問い直しを迫る示唆に富んだものといえよう。特に透谷的なデタッチメントが優位を占めていた日本の近代文学において、愛山的なコミットメントがあるいは果たし得たはずの役割について、坂本の解釈は多くを語っているように思われる。しかしながら、他方で、そう

第9章　民主的個人性について―北村透谷からジョージ・ケイティブヘ―　171

したアーレントの援用は、透谷的なデタッチメントの政治的ポテンシャルをあまりにも低く見積もることに繋がってはいないだろうか。透谷にかぎっていえば、デタッチメントはコミットメントの否認では断じてなかったはずである。実際、「内部生命論」と同時期の作品である「国民と思想」の一節で、透谷は「インヂビジユアリズム」と「デモクラシー」をセットで擁護する人格主義的な議論を展開していなかっただろうか[12]。

ただし、残念なことに、政治からの離脱を起点とする道徳的な「インヂビジユアリズム」と「デモクラシー」の内実について、透谷の残した記述があまりに断片的であることも否定できない。そこで本章では、透谷的なデタッチメントの可能性を理論的に探るべく、搦め手ではあるが、透谷が道徳的個人主義を論じる際にエマーソンから圧倒的な影響を受けていたことに着目したい。冒頭で紹介したホイットマンやデューイと同じく、透谷がエマーソンの道徳的個人主義の影響を受けていたことはよく知られている。だとすれば、アーレントの議論が愛山の文学的営為の政治思想史上の意義についての深い洞察をもたらしたのと同様に、エマーソンの道徳的個人主義の政治的含意もまた、透谷が取り組んだ文学的営為の政治的ポテンシャルを鮮明に照らし出してくれるのではなかろうか。

アーレント＝愛山的なコミットメントとは異なる、エマーソン＝透谷的なデタッチメントを前提とした、道徳的個人主義の政治的ポテンシャルとは何か。本章はこの問題について理論的な考察を試みるべく、アメリカの政治理論家ジョージ・ケイティブが、ホイットマン、ソロー、エマーソンのテキストに依拠して展開している「民主的個人性」(democratic individuality) 論の検討を行う。透谷と同じく、あくまでも一定のデタッチメントを前提とした上でケイティブが展開している魂のデモクラシー論は、非制度的デモクラシー論の伝統について、それをある種のコミュニタリアニズムやナショナリズムへと改鋳するデューイやローティの解釈とは異なる[13]、もうひとつの――あえていうならば、より個人主義的な――継承の可能性を示唆するであろう。

2.「道徳」と「対立」―ジョージ・ケイティブと政治理論の課題―

具体的な政策や制度にかぎっていえば、ケイティブの政治理論は、立憲民主制と個人の権利を、その道徳的な次元において擁護するものであり、例えば国家主義やコミュニタリアニズムを典型とする、あらゆる形態のパターナリズム、同調化、集団主義を批判し、一貫して個人主義の立場を擁護している点において、典型的なリベラリズムと大きな違いは見当たらないように思われる。

だが、こうした安易な整理を、おそらくケイティブ自身は拒むであろう。というのも彼は、個人の尊厳、権利の理論、立憲主義といった自らの基盤の意味を忘却しがちな「凡庸(バナール)」なリベラリズムに対しきわめて批判的であり、ヴィラとサラットによれば、その奇矯ともとれる独特の語り口は、「いつも、見慣れないこと、忘却されてしまったこと、これまで明確に述べられてこなかったこと」へと向けられているからである。すなわち、

> いわば彼はベンヤミンと同じく「真珠採り」なのであって、我々の文化の最も見慣れた断片を拾い上げ、それを「豊饒(リッチ)かつ、奇矯(ストレンジ)な」かたちで提示するという神秘的な力を持っている。ケイティブによれば、リベラリズムの政治哲学は、「神の死」や近代という時代の正統性と密接に結びついている。民主的個人性はニーチェやハイデッガーが示唆した実存的な可能性を拡張するものであり、権利の理論はそのような実存のあり方へと向かう新しい道徳的―審美的な態度への序論となる。リベラリズムは、たんなる狭い意味での政治的な教説以上の何かであり、慣習的な理解を拒むような世界内存在のありようであり、そのようなありようへの誘いにほかならない[14]。

あえて要約的な整理を試みるならば、「近代」という特殊な時代において、「立憲民主制と権利基底的個人主義」という制度的な背景の下で発生した「実存のあり方」を、エマーソニアン(エマーソン、ソロー、ホイットマン)のテクストに依拠しつつ、「豊饒かつ、奇矯な」表現において捉え直したもの、それがケイティブのいう民主的個人性ということになるだろう。以下では、この「奇矯」な民主的個人性論について、ケイティブの政治理論の展開を辿りつつ[15]、素描を試みたい。

ジョージ・ケイティブ（George Kateb）は、1931年、ニューヨークのブルックリン生まれで[16]、同じ生年の政治哲学者としてはチャールズ・テイラーがいる。同世代ゆえか、テイラーと同じく、思想家としての歩みの起点は、ポパーに代表される当時の反ユートピア主義に対する違和感であった。ほぼ同世代のジュデイス・シュクラー（1928〜1992）がユートピア主義論『アフター・ユートピア』（1957）を刊行しているのと同じく、ケイティブは1963年に『ユートピアとその敵』を発表し[17]、20世紀前半に噴出した反ユートピア主義の批判的検討を通じて、反ユートピア主義が圧殺しようとしたユートピア主義の道徳的な次元とその可能性を論じている。

1968年に発表した『政治理論——その本質と用途』[18]では、政治理論を「広い意味での道徳的観点」から政治を論じる学問だと捉えつつ、その主な研究対象が「統治という営みはどのような目的に資するべきか」という根本問題をめぐる回避しがたい諸々の「対立」（disagreements）であると論じている。ケイティブは、根本的な問題についての「対立」の積極的な捉え直しこそがドグマティズムと相対主義という2つの袋小路を回避する方途だと考えていたが、この諸々の「対立」の積極的捉え直しという問題意識は、ケイティブを、「複数性」の政治思想家ハナ・アーレント研究へと導くことになる。

3. 「疎外」と「二重性」──アーレントからエマーソンへ──

　　ぼくが出逢う人びと。幼い頃の暮らしと土地の影響。同じ国の人びと。
　　最近の出来事。発見。発明。協会。古今の作家。
　　ぼくの夕食。衣服。つきあいのある人びと。容貌。挨拶。義理。
　　親しい女や男たちがぼくに示す、本心からの、あるいは思い過ごしの無関心。
　　ぼくや家族の病。悪行。お金を失うこと。お金がないこと。感情の激しい起伏。
　　たたかい。骨肉の争いの恐ろしさ。不確かな情報がもたらす興奮。突発的事件。
　　こうしたことが、昼も夜もぼくのもとを訪れ、再び去っていく。
　　だが、そんなことが「ぼく」そのものであるわけではない。
　　「ぼく」そのものは、ぼくを引っ張るわずらわしい場所を離れ、
　　面白がったり、悦に入ったり、同情したり、怠けたり、一人で過ごしながら、

上から見下ろし、直立し、あるいは目に見えない肘掛けに腕を置きながら、
次に何が起こるか気にしながら、頭を傾けて、
ゲームの内と外に同時に身を置き、じっと眺めながら、想いを巡らせている。
<small>ボウス・イン・アンド・アウト・オブ・ザ・ゲイム</small>

ホイットマン「ぼく自身の歌」

1984年に刊行された『ハナ・アーレント——政治、良心、悪』[19]においてケイティブは、「近代」の精神史的境位についてのアーレントの診断を高く評価する[20]。アーレントによれば、「近代」とは、ある種の「疎外」(alienation) の時代である。人びとは疎外の中で「安息」(being at home) を喪失し、恐怖と違和感に苛まれるあまり、自らの存在を制約している「世界性」(worldliness) という「人間の条件」に対するルサンチマンを極限まで高めてしまう。「全体主義」の「起源」とは、いわば近代の疎外の中で醸成された、人びとのルサンチマンであった。

ケイティブによれば、アーレントの政治思想家としてのオリジナリティは、こうした歴史認識に立脚しつつ、近代の疎外の根本的な解決を政治理論の最大の課題と捉え、人びとの自我を政治的な「行為」(action) によって世界の中に位置づける「和解」(reconciliation) のプログラムを提示したことにこそ存する。そして、①古代ギリシアへの郷愁と、②近代世界に対するトータルな批判、そして③政治参加を生の充実を結びつける実存主義的な「行為」概念の3つをアーレント政治思想の核心と見なすケイティブのアーレント解釈は、その後のアーレント研究に決定的な影響をもたらすこととなった[21]。

しかしながら、見落とすべきでないのは、ケイティブの議論のポイントが、近代に対するアーレントの診断を半ば認めつつも、古代的な政治的行為の復権という政治至上主義的な処方箋を退けている点であろう。ケイティブはアーレントを次のように批判する。まず第1に、古代的な公共圏における政治的行為によってルサンチマンを克服し、和解と安息を得るという構想は、近代世界においては残念ながら現実味を持たない。第2に、そもそも「神の死」以後において十全な安息を得ることは不可能なのであって、我々はむしろ「安息なき状態の中において〔それなりの〕安息を得る能力」(the ablility to be at home in not being at home)[22] を陶冶しなければならない。近代が人びとにもたら

す疎外の根本的な克服を試みるのではなく、むしろ近代社会においては避けることのできない「ほどほどの疎外」(moderate alienation)を起点としつつ、ある種の道徳的な個人主義の可能性を探るべきではないか。いわば、政治社会の一員としてそれなりに責任と義務を背負いつつも、政治社会の外から距離をおいて再帰的に——すなわち、判断の根拠を専ら自分自身の内側に求めながら——振るまうというエマーソン的二重性(doubleness)——ホイットマンの所謂「内にありながら、外にいる」("Both in and out of the game")状態[23]——を踏まえながら、ケイティブは次のような議論を展開する。

　　近代のあらゆる混乱と不確実性から真に利益を得ているのは、ほどほどの疎外の文化の中で生活し、そうした疎外を共有している民主的な個人たちである。アーレント（や他の幾人かの思想家たち）は個人主義という一般的な現象こそが疎外の兆候であり、現れでもあると考えているが、これはおそらく正しい。しかしながら、民主的個人性の理論とは（エマーソンたちがそう自覚しているかどうかはともかく）まさにこうした苦悩や喪失を多大な善へと変換したものである。ひとりひとりの個人が個人となれたのは、ほどほどの疎外という一般的な条件によって、その余地が与えられたからである。その様子を、誰よりもはっきりと示したのが、エマーソン、ソロー、ホイットマンであった。……ほどほどの疎外の正しさを語る際の道徳的な単位は、集団としての人類や大衆ではなく、あくまでも個人である。ここでいう個人は、民主的個人のことであって、他の、何の条件も背負っておらず、位置づけも持たない幽霊のような個人のことではない。鍵となるのは、エマーソンが「超越主義者」や「運命」において、複雑な感情を込めて、「二重意識」と呼んだ状態、あるいはソローが『ウォールデン』で「二重性」と呼んだ状態にまで高められた自己意識であり、その本質は、ある種の疎外を自ら実践することにこそ存する。
　　こうしたアメリカのロマン主義に見られる二重性を最もラディカルに示しているのがホイットマンの「ぼく自身の歌」である。（中略）そこでは、デタッチすればするほど活動的になることが可能になるような能力が描かれている。（中略）そこで描かれている自我はゆったりとしていて、悪しき信仰が和解を追い出してしまうようなことはありえない。落ち着きのなさや、矛盾や、感情の爆発といったすべてのことが悪しき信仰による浸食を抑制しているのである。それは、勝ち負けのない、生真面目な戯れである。人びとの趣味は通俗化する。なぜなら、どんな趣味でも許容され、あらゆるものを詩にうたって構わないからである[24]。

近代の疎外を根本的に克服するのではなく、「ほどほどの疎外」を前提としつつ、なおかつ政治的共同体の中で共存する可能性を探ること。ケイティブは、まさにそうした可能性を、アーレントが古典古代への郷愁を込めて語った人びとの政治的な行為においてではなく、エマーソンが「二重意識」として描き出した、政治的意味空間からデタッチしながら、なおかつコミットしていくような独特の「個人」のありように求めたのである[25]。

4.「民主的超越」と「内なる大海」——エマーソン、ソロー、ホイットマン——

　ケイティヴは、この『ハナ・アーレント』最終章で唐突に提示された民主的個人性論を、『インナー・オーシャン』（1992）でさらに詳細に展開している。その議論において何よりも注目すべきは、ケイティブが非制度的なデモクラシー論というエマーソン的伝統を踏まえつつも、生涯にわたって制度としてのデモクラシーを論じることを拒み続けたデューイ——彼は最後まで直接デモクラシーへの憧憬を捨てることができなかった——とは異なり[26]、立憲民主制という制度的な枠組みの重要性を繰り返し説いている点であろう。ケイティブは、民主的個人性のエートスの醸成という観点から、「憲法の制約下にある代議制デモクラシー」（constitutional representative democracy）を次のように擁護する。

　　権利基底的な個人主義は政治的領域に対して懐疑的である。（中略）しかしながら、立憲民主制が組み立てられ、機能する、そのありようは、ある明確なかたちをとった文化の発生を促すような強力な道徳的、実存的教訓をもたらす。立憲民主制は、まさにそれ自体が、重大な意味を持つ、道徳的で実存的な現象である。というのも、それは個人の権利に対する尊重をもとに構築されているからである。しかも、それはもうひとつの、重大な意味を持つ、道徳的で実存的な現象にも深く関わっている。すなわち、新しい生活様式である。（中略）個人の権利という理論が立憲民主制の手続きと過程の中に具体化されることで、人間の尊厳への関心が確立される。ごく普通のひとでも、虐待を受けることなく、人格として尊重される。歴史的に見ればむしろ例外ともいえる、この驚くべき事態が人びとに理解されるには一定の時間が必要である。というのも過去において、国家や支配的なエリートは、ごく普通の人

第9章　民主的個人性について―北村透谷からジョージ・ケイティブへ―　*177*

びとを、抑圧したり、拘束したり、監禁したり、奴隷化したり、搾取したり、黙殺したり、査問したり、差別したりしてきたからである。立憲民主制における形式的なシティズンシップの付与は、このシステムの日常的な機能と相俟って、人びとを、劣位の条件から救いだし、自分は劣っているのだという隷属意識から解き放つ。立憲民主制の到来は、解放、それも心性と感情の解放なのである。（中略）政府に対して権利を主張しながら生活することと、立憲民主制の日常的な機能を経験することは、時間の経過の中で、人びとの自己理解とあらゆる関係性を更新する（revising）ための強力な力をもたらす。権利の意味は社会のすみずみに、つまり政府以外のすべての生活領域に行き渡る。日常生活が更新されることは、民主的個人性の存在をますますはっきりと証明することになる。それは、立憲民主制における権利基底的個人主義の成長と練り上げがもたらす文化的で精神的な成果にほかならないのである[27]。

　では、「重大な意味を持つ、道徳的で実存的な」立憲民主制の導入は、その下で生活する人びとのエートスにどのような変化をもたらすのか。ケイティブは、エートスとしての民主的個人性を、その機能に従って、日常レベル（the normal level）、非日常レベル（the extraordinary level）、超越レベル（the transcendent level）の3つに区別している。そのうち、日常的レベルの民主的個人性とは、古くはプラトンの『国家』、ツキジデスの『歴史』、アリストテレスの『政治学』によって描かれ、近代においてはトクヴィルの『アメリカのデモクラシー』によって鮮明に描き出された「立憲民主制の統治下で自我と文化が被る変化」のことであり、ケイティブによれば、それによって育くまれるのは、①肯定的（positive）には、自己と他者を対等と捉え、自分自身でものを考え、既成の自己理解をつねに更新する心性であり、②否定的（negaive）には、差別的な処遇を受けたり、誰かの犠牲になったりすることを拒否する心性であり、③無人格的（impersonal）には、すべての人に対する寛容と相互承認を重んじる心性である[28]。

　こうした日常レベルの民主的個人性の3つの心性をケイティブは「デモクラシーの文化」と総称しているが、エマーソン的な伝統の面目躍如たるところは、いうまでもなく、残る2つのレベルにある。

> しかしながら、民主的な社会は、この日常レベルを超えた非日常的な民主的個人性の瞬間、気分、状態を顕現させる。新たに現れる瞬間、気分、状態において、ひ

とは、あらゆる実在[リアリティ]の民主化された理解を、すなわち、自我と社会を超えながら、にもかかわらず（必ずしも）超自然的なものや超人間的な何かを希求することのない実在の理解を経験するのである。これこそが民主的な超越である。

そしてエマーソン、ソロー、ホイットマンこそは（当時、唯一の近代的なデモクラシーの地であった）アメリカにおいて、この民主的な非日常性と民主的な超越なるものの存在を証明し、まさにそれを推進すべく理論化した偉大な思想家であった。彼らは民主的個人性の運動を高次のレベルにまで理論化したのである[29]。

そしてケイティブによれば、非日常レベルの民主的な「瞬間、気分、状態」は、①肯定的には、一人ひとりの個人の生活の中での「独立した思考、新鮮で無垢な認識、自己表現活動、予期しなかった創造性」において現れ、②否定的には、「権利を保護されている人びとが、権利を否定されている人びとのために立ち上がり、連帯してたたかうこと」において現れ、③無人格的には、普遍的な共感の拡大において現れる。そして、ごく希にしか現れないが、第3の超越レベルにおいて、民主的個人性は、自分以外のすべての存在のために自我を滅却するに至る[30]。

このように、自我の内面を再帰的に掘り下げることがデモクラシーのエートスへと結びつくという民主的個人性の核心を、ケイティブは次のように剔抉している。

　　民主的個人性の理論もまた、他のさまざまな個人主義と同じく、個人に無限性を認める感覚の陶冶を、換言するならば、内なる大海[インナー・オーシャン]の感覚の陶冶を、すべての人びとの中に汲めども尽きぬ豊饒な荒々しさと知られざる能力の存在を見いだす感覚の陶冶を提唱する。しかしながら、民主的個人性は次のような確信を前提としている点において他の個人主義とは明確に区別されなければならない。すなわち、人は、自らに無限性を認める感覚を媒介として、他の人びとや自然と繋がることができるという確信である。誰にとってであれ、世界は、自分自身のアクチュアルな様相である。あらゆる個別的なものに対し、人は何らかの親近感を感じるであろう。しかしながら他方では、ソローが敢えて強調したように、どのような個別的なものについてであれ、それに対してまったく親しみを感じることができないがゆえに、驚きと違和感を禁じ得ないこともある。こうした親近感と違和感が揃ってこそ、真理は把握されるのであり、両方が揃うことで当惑に満ちた受容が可能になり、民主的個人に特有の無人格的（自己放下的）な感受性に力が付与されるのである[31]。

政治社会の〈内にいる〉と同時に〈外にいる〉こと、世界に対し〈親近感〉と〈違和感〉を同時に抱くこと、そして何よりも、自己の無限性を掘り下げることによって「内なる大海」の中に他者や自然との繋がりを見いだす可能性。より具体的にいえば、立憲民主制の下で醸成される、デタッチメントを前提とした上での、コミットメントの可能性。ケイティブがエマーソン的伝統に依拠しつつ成熟した近代に見出した民主的個人性とは、まさにそのような独特の〈道徳的＝政治的〉個人主義にほかならなかったのである。

5. むすびにかえて

古典古代以来、デモクラシーが人びとのエートスに何らかの変化をもたらすということは繰り返し論じられてきたが、ケイティブの民主的個人性論は、トクヴィルに至る「デモクラシーの文化」論を踏襲しつつも、アーレントの近代批判やエマーソンの二重性論を取り入れることによって、リベラル・デモクラシーに道徳的な深みを与える議論であり、さらにいえば、それは非制度的な倫理的デモクラシー論というエマーソン的伝統の批判的継承の試みでもあった。

すでに言及したことであるが、デューイやローティの非制度的なデモクラシー論は制度的な議論を忌避し、倫理的な統合を重視する余り、ナショナリスティックで保守的な言説に流れがちであるのに対し、ケイティブの議論は、立憲民主制と代議制への圧倒的な信頼の下、ナショナリズムに対して批判的な距離を保っているといえよう。むろん、立憲民主制と代議制へのケイティブの信頼は、個人主義的なデタッチメントの裏返しでもあり、残念ながら具体的な政治制度についての議論を十分に尽くした上のものではない。しかしながら、エートスによる統合を唱えることの危険性にあまりにも無自覚なデューイやローティのデモクラシー論との比較において、ケイティブの議論は有益な示唆を与えてくれるように思われる。

また、アーレントの政治至上主義——無論、ケイティブがそう解釈するところのものとしての——への対抗において、ケイティブが非政治的な領域における自己の陶冶——「内なる大海」の感覚の陶冶——に政治的なポテンシャ

ルを見いだしている点も注目すべきであろう（蓋し、それは透谷的なデタッチメントの政治的ポテンシャルという冒頭で述べた問題に直結する議論である）。この問題について、ケイティヴと比較すべきは、いうまでもなくリチャード・ローティである。周知のようにローティは、自伝的なエッセイの中で、デタッチメントをめぐって、「トロツキー」と「野生の蘭」という巧みな比喩で次のような議論を展開している[32]。すなわち、プラトン以来、人びとは「私的領域」における真理の探究や生の充実の追求を、「公的領域」における社会正義と結びつけようと試みてきた。だが、両者は本来的に相容れない領域なのであって、我々は「私的領域」における知的営為を専らヴォキャビュラリーの豊饒化として限定的に捉え、社会正義という「公的領域」とは明確に区別すべきである、と。いわば、ローティは、アーレントとは異なり、デタッチメントに知的営為としての一定の意義を認めてはいるものの、デタッチメントが政治的意味空間という公的領域に何かを積極的にもたらす可能性を原理的に排除しているのである。

　このようにまったく別の観点からとはいえ、「政治からの離脱」に政治的なポテンシャルを認めないという点で見解が一致しているアーレントとローティに対し、ケイティブは「内にありながら、外にいる」というエマーソン的な二重性を踏まえつつ、デタッチメントに一定の政治的機能を認めている。必ずしも十分な具体性を伴った議論ではないが、エマーソン的伝統を踏まえつつ、ケイティブが「豊饒かつ、奇矯な」筆致によって展開した民主的個人性論を検討することで、我々は、透谷がその短い生涯の中で模索した、デタッチメントを前提としたコミットメントの可能性を批判的に継承し、道徳的個人主義の新たな可能性を探ることができるのではなかろうか。

注
1) 特に「マス・デモクラシー」に対するアリストクラティックな批判については、コーンハウザー（1961）『大衆社会の政治』東京創元社の18頁以下を参照。
2) ウォルト・ホイットマン（1976）「民主主義の展望」亀井俊介ほか編『アメリカ古典文庫 5 ウォルト・ホイットマン』研究社.
3) John Dewey, "Emerson: the Philosopher of Democracy," 1904 (*the Middle Works*,

第9章　民主的個人性について—北村透谷からジョージ・ケイティブへ—　*181*

vol. 3); do, "Maeterlink's Philosophy of Life," 1911 (*the Middle Works*, vol.6); do, *The Public and Its Problems: An Essay in Political Inquiry*, 1927 (*the Later Works*, vol. 2). なお、ジュディス・シュクラーによれば、まさにこれこそがデューイのアメリカ政治学に対する最大の貢献であった。Judith N. Shklar, (1991) "Redeeming American Political Theory," *APSR*, 85-1.
4)　リチャード・ローティ (2000)『アメリカ　未完のプロジェクト』晃洋書房。ローティのデモクラシー論の保守的な側面については次を参照。Richard J. Bernstein, (1992) "One Step Forward, Two Steps Backward: Rorty on Liberal Democracy and Philosophy," do, *The New Constellation: the Ethical-Political Horizons of Modernity/postmodernity*, MIT Press.
5)　透谷と自由民権運動のかかわりについては、色川大吉 (1994)『北村透谷』東京大学出版会を参照。
6)　「石坂ミナ宛書簡1888年1月21日」勝本清一郎校訂 (1960)『北村透谷選集』岩波文庫、366.
7)　「三日幻境」『北村透谷選集』159.
8)　「厭世詩家と女性」で「実世界」と対置された「想世界」のモティーフから展開された「内部生命論」については、北川透 (1976)『内部生命の砦　北村透谷試論II』冬樹社を参照。
9)　宮川透・土方和雄 (1971)『現代日本思想史2　自由民権思想と日本のロマン主義』青木書店、141.
10)　平岡敏夫 (1970)「人生相渉論争」『国文学　解釈と鑑賞』35巻7号を参照。
11)　坂本多加雄 (1996)『知識人──大正・昭和精神史断章』読売新聞社、52-55.
12)　「国民と思想」『北村透谷選集』294.
13)　初期の "The Ethics of Democracy" (1888) から後期の "Creative Democracy—The Task Before Us" (1939) まで、デューイは一貫してデモクラシーの非制度的な理念を強調し続けているが、憲法や代議制といったデモクラシーの制度的側面についての検討は必ずしも十分ではなく、ウェストブルックが指摘するように、デューイの国家論には、立憲主義的制約の不十分な、ある意味で国家主義的でナショナリスティックな性格が伴うことになった。Robert B. (1991) Westbrook, *John Dewey and American democracy*, Cornell University Press, 302ff. ローティのデモクラシー論の保守的な側面については、前掲『アメリカ　未完のプロジェクト』の他、次を参照。Richard J. Bernstein, (1992) "One Step Forward, Two Steps Backward: Rorty on Liberal Democracy and Philosophy," do, *The New Constellation: the Ethical-Political Horizons of Modernity/Postmodernity*, MIT Press.
14)　Dana R. Villa & Austin Sarat, (1996) "Liberalism, Modernism, and the Political

Theory of George Kateb: An Introduction," Dana R. Villa & Austin Sarat (eds.), *Liberal Modernism and Democratic Individuality: George Kateb & the Practice of Politics*, Princeton University Press, 3-4.
15) 以下、ケイティブの政治理論の歴史的な展開については、前掲 Villa & Sarat, "Liberalism, Modernism, and the Political Theory of George Kateb" を参照。
16) ケイティブの経歴について詳しくは、2008 年にプリンストン大から名誉学位 (人文科学博士、2008) を与えられた際の次の資料を参照、ちなみに同年にはケイティブの他に、音楽家のクィンシー・ジョーンズや、作家の村上春樹にも名誉学位が与えられている。http://www.princeton.edu/main/news/archive/S21/25/15A07/
17) George Kateb (1963) *Utopia and Its Enemies*, Free Press.
18) George Kateb (1968) *Political Theory: Its Nature and Uses*, St. Martian's Press.
19) George Kateb (1984) *Hannah Arendt: Politics, Conscience, Evil*, Rowman & Littlefield.
20) Kateb, *Hannah Arendt* 最終章 "Modernity" を参照。
21) アーレントの研究史については、森川輝一 (2002-2003)「アレント解釈を読む」(1)(2・完)『名城法学』52 巻 1-4 号を参照。
22) VILLA and SARAT, "Liberalism, Modernism, and the Political Theory of George Kateb," 10.
23) Walt Whitman (2005) "Song of Myself," in *Leaves of Grass*, Francis Murphy (ed.), Walt Whitman, *The Complete Poems*, Penguin Classics, 66-67.
24) Kateb, *Hannah Arendt*, 178-179.
25) また、ケイティブはエマーソンの「円」に言及しつつ、エマーソン的な自己探求 (「更新」) が、アーレントの「覚醒」のプログラムとは異なり、果てしなく繰り返されることを指摘している。Kateb, *Hannah Arendt*, 171. Ralph Waldo Emerson, (2003) "Circles," Larzer Ziff (ed.), Ralph Waldo Emerson, *Nature and Selected Essays*, Penguin Classics, 225.
26) 註 13 を参照.
27) George Kateb, (1992) *The Inner Ocean: Individualism and Democratic Culture*, Cornell University Press, 25-26.
28) Kateb, *The Inner Ocean*, 28-32.
29) Kateb, *The Inner Ocean*, 32.
30) Kateb, *The Inner Ocean*, 32-34.
31) Kateb, *The Inner Ocean*, 34
32) リチャード・ローティ (2002)「トロツキーと野生の蘭」『リベラル・ユートピアという希望』岩波書店.

第10章 日本官僚制における職場内秩序
―課長による統制の限界―

築島 尚

1. はじめに

　わが国の中央省庁では、「原則、一課一部屋で複数職員が席を並べて仕事をする大部屋の職場」で執務が行われている[1]。こうした大部屋の職場では、部屋の大小や構成員の人数に差はあるものの、「一般職員にとって課長は、所属組織の代表者であると同時に、人事考課を行い、意思決定者であり、場合によっては職務命令を下す管理監督者である」[2]。1つの執務室のなかで階統制のトップに立つ課長は、しばしば「一国一城の主」にもたとえられる[3]。これほどの権限を与えられている課長であれば、省庁内での地位はともかく[4]、職場内では上命下服、上意下達が徹底しそうに思われる。確かに、文部省[5]に入省し、大臣官房審議官を務めた寺脇研は、1992年に初等中等教育局職業教育課長に就任したときを回想して「課長になったことにより、私がやりたいと思うことはすべて、私自身の判断で決定できるようになった。(略) 自分が課長になれば自分の裁量で決断できる。問題が発生したときは責任をとらなくてはならないが、とにかく課内のすべてのことを自分の責任で決断できるというのは、とても気持ちのいいことだった」と述べている[6]。

　しかし他方で、こうした、率先して課を統率する課長像とは必ずしも一致しない課長の行動もある。元通産官僚で経済企画庁物価局審議官を務めた脇山俊は、「官庁は上意下達の職場であり、部下は上司の意見に反対できないと漠然と考えている人が多いが、大きな間違いである。官庁の意思決定は、ボトム・アップの傾向が強く、例えば、通産省では課長補佐クラスの発言力が非常に強い。だから、民間企業のように、トップの決断で決定が行われた事例は、

どこの官庁でも非常に少ない」と、官庁における意思決定過程では、実際には上意下達が徹底されるとは限らないとの見解を示している。そして、さらに、「トップがあまり強い個性を発揮するのは、特に官庁のような組織では、マイナス面が大きいので、課長補佐の頃には100パーセント自分の意見を主張していても、課長になれば70パーセント、局長になれば50パーセント、次官になれば20パーセントという具合いに、地位が上がれば上がるほど、自粛しているのが、一般的な傾向である」と、課長が課長補佐よりも自らの意見を意識して抑制する傾向にあることを述べている[7]。

このように、職場の意思決定に強い権限を持つ課長が自らの意見を抑えるといった一見矛盾した態度それ自体は、さほど不思議でない。一般に、よき上司は、事細かに注意を与えて部下のやる気を殺ぎ、仕事の効率を下げるといったことのないように注意する[8]。また、特にわが国の官庁のように、大部屋主義[9]といわれる、大部屋を執務空間とする組織原理によって職場が成り立っている場合には、職務が個人に直接配分されるのではなく、課や係を単位として配分され、その処理には職場全体が協力し合って当たるため、気持ちのよい職場の雰囲気を形成しなくてはならない[10]。大部屋の管理者である課長が部下の士気を保ち、職場全体の効率を高めるために、自らの考えを抑制的に表明することは十分に考えられる。

ただ、課長には、そのために、人格的要素である「よき人柄」までもが要求される。課長と課員の間で「切実な問題」が、「適切な仕事の割り振り、方針の共有、公正な人事配置」とならんで「職場における良好な人間関係の維持」であり、課長には、「『自他に誠実で、明朗な性格をもち、度量が大きく、豊かな関心の持ち主』といった意味でよき人柄を備えていることが求められ」、さらには、「管理職任用における人柄評価と管理職自身の自己啓発が大切である」とされる[11]。官庁では「よき人柄」が、管理職の人事評価にかかわるほど重視されるのである。

ところで、伊藤大一は、わが国では、中央省庁ごとに権限に媒介された集団が形成され、官僚制の意思決定や人事評価の仕方に影響を与えていることを明らかにした上で、このような省庁ごとの集団主義が生じたのは、官僚制内に集

団的異質性が発生してきたためであるとその原因を指摘している[12]。この逆説的な考察に照らして考えれば、省庁という大きい単位組織のみならず、それよりも小さい単位の職場にも、何かしらの異質の要素が存在するからこそ、それを表面化させないために、職場の協力関係を意識的に築こうとする努力がなされているではないかとも思われる。すなわち、職場では、課長が課員の協力を得る努力を怠れば職務に支障を来すほどの分裂の要因が内在しているのではなかろうか。

それでは、省庁という単位よりもかなり小さい職場にどのような集団的異質性があり得るのか。戦後の公務員制では、戦前の国の行政職員に見られた種別や身分制は廃止され、一般職と特別職が国家公務員法上の区分となったが、非公式にはキャリアとノンキャリアの身分制が残った。また、キャリア官僚のなかでも、採用試験の試験区分によって事務官と技官の区別があり、その区別に応じて処遇がなされている[13]。

そこで、本章では、キャリア官僚の事務官、キャリア官僚の技官、ノンキャリアの職員という集団分けをし、それぞれの人事のあり方と職務上の役割を点検して各集団の特徴を抽出する。さらに、中央省庁における一般的な職場構成を想定して、そうした特徴によって課長による課員の統制がどのような影響を受けるのかを検討する。こうした考察を通して、職場の管理者たる課長に「よき人柄」といった、管理能力とは一見かかわりのない人格的要素が必要とされる理由の一端を明らかにできればと考える。

本章では、他省庁に関する記述を参考にしながらも、現役官僚・元官僚が職場の内情を描いた著作が存在する大蔵省、文部省、厚生省の3省を中心に取り上げる。なお、こうした著作のなかには、著者が組織に対して強い不満を抱いているために、表現が極端に感情的になっているのではないかと思われるものも見受けられる。しかし、終身雇用制が採られて内部事情が流出しにくいわが国の組織で職員の生の声は、外から窺い知ることが困難な、組織内部で働く論理を推察する重要な手がかりであると考え、こうした著作を留意しながら参照することとする[14]。

2. 職場における諸集団の人事と役割

　一般的な定義によれば、キャリアとは、国家公務員試験のかつての上級甲種試験または現在の採用Ｉ種試験に合格して本省庁に採用された者をいい、その他の職員をノンキャリアという[15]。すなわち、採用Ｉ種試験の合格者であっても本省庁外の各局、地方出先機関等に採用された者、採用Ⅲ種試験（高卒程度）・採用Ⅱ種試験（大卒程度）等その他の試験によって採用された者、選考によって採用された者はノンキャリアとなる。また、この定義によるキャリアは、合格した試験の区分によってさらに分類することができる。一般に、行政職、法律職、経済職の文科系３区分によって採用された者を事務官、それ以外の試験区分によって採用された者を技官という[16]。

　そこで、以下では、キャリアのうち、上記のような事務官をキャリア事務官、技官をキャリア技官とそれぞれ名付け、さらに、ノンキャリアを加えた３つの集団を個別に検討して行くこととする。

（１）キャリア事務官

　キャリア事務官の人事については、大蔵省や通商産業省を典型としてすでに多くが語られている[17]。通常、キャリア事務官の人事管理は、採用から生涯にわたって各省庁の官房人事部局で行われる[18]。また、ノンキャリアと対比した場合のキャリア事務官の人事の特徴としては、昇格可能な地位が高く、昇格の速度が速い他、配置転換が頻繁に、かつ、局を越えて行われることが挙げられる。一般にキャリアは、通常２年から３年、極端な場合には１年ほどで職位を替える「渡り鳥」といわれる[19]。

　よく知られているように、キャリア事務官には、入省年次を基本とした固定的なキャリアパターンが存在する。キャリア事務官の同期入省者は、入省後約20年、本省課長になるまでは同時に昇格し、それ以降は、同時大量の定期的な人事異動が行われる度に「椅子取りゲーム」と呼ばれるように、徐々に出身省庁を離れ、残った者のなかでさらに高位の職への昇格が行われていく。最終的には、入省後約35年程度で、同期から事務次官となる者が出ると、その一

人を残してその他の者は一斉に退職する。ただし、幹部候補の選抜は、「椅子取りゲーム」といった実質的な絞り込み以前にすでになされ、個別の人事は、同時昇格をしているときも、就任する職位によって評価の差異をつけながら、数年来の予定を立てて行われる[20]。

人事評価の方法としては、1省庁20人程度を典型とした少人数の能力評価の情報がキャリア事務官の間で共有され、「評判」による評価がなされる。「評判法」[21]とも呼ばれるこの方式で、最終判断は官房人事部局を中心に行われるものと思われるが、その評価は、評価対象者の仕事ぶりが職場で周囲の目にさらされることにより、職場の上司、同僚、さらには部下を含めた評判によって形成される面がある。入省後に一定期間繰り返すことによりなされたこうした評価は、省内でもよく一致し、後に触れるように、上司として有能な部下を獲得する際の有力な基準となる[22]。他方、公式な人事評価制度である勤務評定は、官房人事部局以外の一般の管理職にとっては入手が困難であり、かつ、心ある管理職であれば、よくない評価が対象者の将来に及ぼす影響を考慮し、抑制的に記載するものと思われる[23]。

キャリア事務官の職務上の役割は、一般に、法令もしくは規則を制定して政策を立案することにあるとされるが[24]、こうした役割分担を前提とした働き方は、入省後まもなく、係員から係長になるまでにすでに見られる。

大蔵省で新人キャリア事務官は、下積みの雑務をこなしながらも[25]、法令案や予算案の作成といったいわゆる政策立案に関与しているものと思われる。大蔵省に勤めた吉田和男は、1971年の入省当時、沖縄復帰に伴う計理士の公認会計士への移行に関して行われた特別措置の法案作成に携わり、「大蔵省はとくにひどいのであるが、人も金もないので係の雑務をすべて一人でしなければならない。毎日の会議のために、資料作りやコピーも一人でしなければならない。毎日、12時頃までコピー、印刷など雑務の連続が入省一年生の仕事である」と回想している。また、「その後は法案の策定の中心となる仕事の機会はなかったが、合議で他省庁の法案をチェックする仕事はたびたびであった」とあくまでも政策立案にかかわる仕事をしている[26]。

また、文部省の寺脇も、入省したてのころに命じられた仕事は雑用が中心

であったと振り返る。1975年、最初に配属された初等中等教育局教科書管理課では暇な時間があり、課長から「忙しくないときは、本を読んで勉強していろ」「それでもまだ余裕があるときは、よその課に顔を出して、そこがどんな仕事をしているのか聞いてこい」といわれ、実際に同じ局の他課に頻繁に出入りし、置いてある本を借り出して読むなどすることもあった。しかし、翌年に教科書検定課に異動すると、課長の鞄持ちをする一方、教科書検定のための教科書用図書検定規則改正関係の書類作りをしている[27]。

　厚生省に入省し、同省事務次官や内閣官房副長官を務めた古川貞二郎は、1960年に入省した当時、長崎県庁総務部における勤務経験があったためか、もしくは、入省時の成績がよかったためか、すぐに政策立案に携わることとなった。入省2か月で移った先の年金局福祉年金課で課長補佐によく鍛えられ、「50ほどの項目を改正条文の形にする仕事を言いつかり、3日とかけずにやった」というように、法令改正の仕事に入省後間もなくかかわっている[28]。

　3年後の1963年に同じく厚生省に入省し、後に同省事務次官になった岡光序治は、古川とは異なり、入省時の成績が芳しくなかったためか、もしくは、本人の希望が影響したためか、回想録では、最初に配属された社会局保護課で本格的な政策立案を行ったかどうか定かではない。しかし、2年ほどして次に希望して行った保険局では、国民健康保険課で健康保険の赤字財政正常化に取り組み、企画課に移ってからも「健康保険の抜本的改革」の法案作成にかかわっている[29]。

　このように、大蔵省、文部省、厚生省に共通して、キャリア事務官は、負わされた雑務の程度に違いはあるが、入省後ほどなく、少なくとも最初の本省勤務のうちに政策立案に携わる職務についている。こうした傾向は、本省で課長補佐級の役職になっても続く。

　大蔵省の主計局は、戦後一貫して筆頭局であり[30]、「大蔵省のなかでももっとも大蔵省らしい」とされるが[31]、その主計局で「課長補佐レベル」[32]の主査を務めた吉田は、その仕事を次のように説明している。

査定という仕事が主査によって行なわれる。まず、要求のあった省庁から要求の内容を聞き（ヒアリングと呼んでいる）、要求の内容を十分に検討して、個別に優先順位が高いかどうか、来年度実行することが適当かどうかを判断し、事業にかかる経費を適切なものに修正していく作業を行なう。実に細部にわたる検討を行ない予算を積み上げる。つぎに主査が次年度の予算の案を作り、これを主計官に説明し、その査定の内容の検討を行なう。（中略）そして、「係り」の単位（主査の作業単位）での予算ができるとこれを「局議」に上げる。ここでは、主査が次長に説明しながら査定される関係になる。主査は査定した予算が必要なことを次長に納得してもらわなければならず、主査にとって「鬼より恐い局議」となる。各省庁の担当者に対しては提案してきた予算はむだであると批判し、これを局議では絶対に必要であると説明しなければならない[33]。

すなわち、課長補佐級の主査は、他省庁の予算要求を査定し、それを主計局内部に伝えながら、予算案の一部を編んで行くという役割を担っている。

また、文部省で課長補佐は、他省庁と直接交渉して法案作成を行う。寺脇は、1986年に高等教育局私学助成課の課長補佐についたときには、仕事が面白くなく「力を抜いてしまう」が、その後、生涯教育局の設立に当たって、その前身となる社会教育局に異動を希望し、1988年に社会教育局社会教育課に移った。そこで、生涯学習局をつくるに当たり必要な組織改正のための文部省組織令改正案という政令案作成の中心となり、局内の若手キャリアをかき集めて、原案を完成させ、さらに、労働省や警察庁を相手に「省庁協議」を重ねて新しい局を誕生させる[34]。また、生涯学習局ができた後は、同局の筆頭課である生涯学習振興課の課長補佐として、「生涯学習」というという言葉の認知度を高めるための「第1回全国生涯学習フェスティバル」という催し物の開催に取り組む一方、法規担当の課長補佐として生涯学習振興法の法案作成にも当たっている。このときも、法案づくりの時間的リミットが迫るなか、局内の後輩キャリア12人全員が法案作成チームに加わることとなる。そして、内閣法制局、大蔵省主税局、通産省、自治省等の省庁を相手に協議を重ねて法案を成立に導く[35]。

1968年に北海道警察本部防犯少年課長から公害部公害課課長補佐として厚生省に戻った古川は、大気汚染防止や騒音規制関係法策定のための14省庁会議な

どで、関係省庁間、特に通産省と激しい議論をしている[36]。また、同じ厚生省の岡光は、初めて課長補佐になった大臣官房総務課では、救急体制の整備構想を指導通知の形に起案し、さらに栃木県庁への出向から戻って大臣官房会計課課長補佐となると、予算獲得のために大蔵官僚に「官官接待」をしている[37]。

このように、大蔵省、文部省、厚生省の本省におけるいくつかの例でキャリア事務官の課長補佐は、引き続き法令案や予算案の作成といった政策立案の職務に携わり、場合によっては後輩キャリアを従えて職務の第一線に立ち、他省庁との交渉を行うという役割を担っている。特に、他省庁との交渉を担う課長補佐は、交渉に課長が同席しない場合、課長の知り得ない事情も知る立場に立つことから、情報を先占することによっても課長に頼られる存在になると考えられる。

（2）キャリア技官

大蔵省では、キャリア技官が集団としては存在しないように思われる。出版資料で確認できる1965年、1966年、1972年、1977年から2008年に大蔵省（財務省）が採用Ⅰ種試験もしくはその前身の試験で行政職、法律職、経済職の文科系3区分以外の試験区分から採用したのは、1978年と1985年に「数学」がそれぞれ1人、1983年に「情報工学」1人、1999年に「農業経済」1人の計4人に過ぎない[38]。

ところで、本節冒頭で述べたように、キャリア技官は、採用Ⅰ種試験合格者うち、文科系3科目以外の試験区分で本省庁に採用された者をいうが、職種によっては、採用Ⅰ種試験をそれ以外の専門職試験で代える場合がある。すなわち、採用Ⅰ種試験合格者ではないが、採用Ⅰ種試験合格者と同様に見なされる職員が存在する。厚生省において医系技官は、医師か歯科医師の資格を持つことが採用条件とされ、給与表上は採用Ⅰ種試験に合格して採用された行政官と同等に処遇された[39]。

しかし、科学技術庁と建設省といった一部省庁を除いて、キャリア技官が各省庁の事務次官にまで登り詰めることはない。また、キャリア技官の昇進がキャリア事務官より遅くなることもある[40]。これは、通常、キャリア事務官と

キャリア技官の人事は人事担当部局が異なり、就任すべき職位についても「棲み分け」がなされているためと考えられる[41]。厚生労働省の場合、医系技官の人事は、大臣官房厚生科学課が扱い、医政局長、健康局長、技術総括審議官、厚生科学課長などの幹部によって重要な決定が行われ、職位については2002年の時点で、医政局、健康局という2局の局長職と、医政局のもとにある医事課、歯科保健課、研究開発振興課、健康局のもとにある疾病対策課、結核感染症課、国立病院部政策医療課、同経営指導課といった課の課長職を占めていた[42]。

文部省の場合、表10-1[43] に見られるように、キャリア技官は、1980年、1981年、1991年を例外として毎年、同省におけるキャリア同期のおおむね2割から4割を占めている。このうち、特徴のあるのは建築技官である。表10-1で「建築」の分野では、採用人数は1人もしくは2人と限られるが、1980年と1987年を除き20年以上にわたり、毎年必ず採用されている。それ以外の試験区分で採用されたキャリア技官では、「化学」「電子」「情報工学」といった分野の採用が多いが、いずれも採用年と採用人数にばらつきが見られる。

文部省の建築技官の人事は、「形式的には人事課が行う」ものの、「実質的には大臣官房文教施設部で」、キャリア事務官とは別立てで行われる。「建築技官と事務官との人事交流も行われてきているが、部分的なものにとどまっている」。キャリアパターンも存在し、「建築技官は、採用後文教施設部の各課に配置され係長まで務めたのち、入省後12-13年頃の時期に地方の国立大学の建築課長などに出る。3年ほど大学の課長をやってから、また本省の文教施設部に課長補佐で戻る。その後文教施設部を中心に動き、他省庁や特殊法人などに出向したり、国立大学の施設部長になったりする。建築技官の省内での最高ポストは大臣官房文教施設部長、ナンバー2のポストは文教施設部技術参事官である」といったように、本省大臣官房文教施設部と本省外の職位とを往復するようである。なお、「建築技官以外のキャリアは、採用区分にかかわりなく、事務系として人事上同じ扱いを受ける」という[44]。

さらなる分析が必要であろうが、キャリア技官が人事部局を事実上別立てにして独自の人事を行おうとするならば、固定したキャリアパターンを維持するために、年次を絶やすことなく、少人数であっても一定数を採用し続けなけれ

192 第3部 「秩序」観の諸相

表10-1 文部省における「キャ

採用年 西暦	文科系				試験その							
	行政	法律	経済	小計	心理	教育	社会	数学	物理	情報工学	電気	電子	機械	土木
1965 (昭和40)	6	15		21	2						1			
1966 (昭和41)	6	11		17									2	
1972 (昭和47)	1	12		13									2	
1977 (昭和52)	2	10		12						1				
1978 (昭和53)	2	9	1	12	1	1	2	1						
1979 (昭和54)	5	6	1	12		2								
1980 (昭和55)	5	9		14		1								
1981 (昭和56)	3	9	1	13					1					
1982 (昭和57)	2	11	1	14						1		1		
1983 (昭和58)	1	8	2	11					2	2				
1984 (昭和59)	5	7	3	15					3		2	1		1
1985 (昭和60)	7	7		14		1			1					
1986 (昭和61)	5	12	2	19		1				1		3		1
1987 (昭和62)	4	7	3	14					2	3	2			
1988 (昭和63)	3	6		9							1			
1989 (平成元)	5	9	2	16		2				3		1	2	
1990 (平成2)	7	10		17				1	2			2		1
1991 (平成3)	6	11	1	18					2	3	2	7		
1992 (平成4)	3	14		17					1	1		2		
1993 (平成5)	6	8	3	17		3				2		1		
1994 (平成6)	7	9	3	19		1			1			1		
1995 (平成7)	5	12	4	21		2			1	1		1	1	
1996 (平成8)	9	8	2	19	1	2		1	1	2		3		1
1997 (平成9)	4	15	1	20						1			1	1
1998 (平成10)	5	7	2	14					2	2				
1999 (平成11)	3	10	2	15	1							2		
計	117	252	34	403	4	18	2	3	19	24	7	26	8	5

注:「採用年」、「技官割合」以外の単位はすべて「人」。「技官割合」とは、「合計」に占める「その他」の「小計」の百分
出所:『公務員白書』(各年版) に掲載されている「国家公務員採用 I 種試験の区分試験別・省庁別採用状況」に当たる表
採用状況」に掲載されている同様の表より作成。

第 10 章 日本官僚制における職場内秩序―課長による統制の限界― 193

リア技官」の試験区分別人数

区分 他 建築	化学	金属	材料工学	薬学	農芸化学	林学	水産	小計	合計	技官割合	備考
2								5	26	19%	
2								4	21	19%	
1								3	16	19%	
2	1							4	16	25%	
1								6	18	33%	
1								3	15	20%	
	1							2	16	13%	
1								2	15	13%	
1	2							5	19	26%	試験区分「電子」は「電子・通信」。
1	1							6	17	35%	
2	1							10	25	40%	試験区分「電子」は「電子・通信」。
1	3	1						7	21	33%	
2	2			1				11	30	37%	
	1			1				9	23	39%	
1	2							5	14	36%	
1								9	25	36%	
2								9	26	35%	
1	4			4				23	41	56%	
1	4			1	1			11	28	39%	試験区分「電子」は「電気電子」。
2	1	1						10	27	37%	試験区分「電子」は「電気電子」。
2	3							8	27	30%	試験区分「電子」は「電気電子」。
2	3				1		1	13	34	38%	試験区分「電子」は「電気電子」。
2			1		1			15	34	44%	試験区分「電子」は「電気電子」。
2	1	1						8	28	29%	
1								5	19	26%	
1								4	19	21%	試験区分「電子」は「電気電子」。
35	30	1	2	9	2	1	1	197	600	33%	

率。
と、『人事院月報』(1965 年 4 月、170 号)、(1966 年 5 月、183 号)、(1972 年 3 月、253 号) の記事である「合格者の

ばならないのかもしれない。

（3） ノンキャリア

　ノンキャリアの人事管理は、課長補佐より下位の役職までは各局総務課で行われ、課長補佐以上は官房人事部局に移るといわれる[45]。また、キャリアと対比した場合のノンキャリアの人事の特徴としては、まず、昇格可能な地位が本省課長補佐級までがせいぜいといわれ、また、昇格速度は、キャリアの2分の1以下と遅く、配置転換は、「ノンキャリアの人々は少なくとも4～5年、ときには10～15年も同じ地位にいる」[46]といわれほどまれで、局を跨る異動も限られている[47]。

　ノンキャリアの同期入省者は、30歳台前半の係長までは同時に昇格し、その後も、一定割合が課長補佐級になり、さらに少数の者が課長級まで昇格する。本省庁課長・室長級以上に昇り詰める者は、ノンキャリアの1割にも満たないと考えられる[48]。なかにはさらに昇格を続け、本省庁の局長になった者もいるが[49]、ごくまれな例外といえる。ノンキャリアについても、「二重の駒型」といわれるように、キャリアと同様に、一定時期まで同期入省者が同時昇格して、それから絞り込まれるという昇進体系が採られているのである[50]。

　ただし、これもまたキャリア事務官と同様に、ノンキャリアも早くから実質的な選抜が行われているものと思われる。大阪税関で官房業務等を担当した平野拓也は、「II種、III種のグループでは採用後10年程度で、ABCのランク分けを行い、その時点で、大体、当該グループ内の将来の幹部候補を選抜します（A選抜）。その決定はI種キャリアの主導のもとに行われ、一切極秘です。もちろん、本人にも知らされません。一旦、ランク付けが決まると、ランクは生涯にわたって、よほどのことがない限り変わりません。したがって、人事発令の結果を分析していれば、グループ分けの内容はおよそ察しがつきます。『彼はA選抜だ』というのは公然の秘密でしかありません。II種、III種の天下り先の確保は、A選抜者を中心に57～58歳から各省（地方管区）人事課の斡旋で行われます」[51]と述べている。ノンキャリアの選抜は、入省10年程度、同期で実質的な絞り込みが行われる30歳台前半より早めになされ、そ

の評価がほぼ生涯にわたって変わらないこと、また、その評価は、実際にどのような職位につくかで察しがつき、幹部候補としての選抜が公然の秘密であることを指摘している。早めの選抜によって生涯の評価が決まり、その評価が経験する職位で明らかになる点は、キャリアの選抜・評価の方法と近似しているといえよう[52]。

大蔵省の主計局で働くノンキャリアは、おそらく、このようにして選抜された者のうち、特に優秀と認められた者であろう。主計局のノンキャリアは、「ベテラン」とも呼ばれ、税務、税関、財務局等の地方支分部局で採用された者がほとんどで、20歳台で係員として勤務を始め、その後一貫して主計局等において予算事務を担当する。同局内でノンキャリアが主に担当する予算計数の管理は、毎日深夜まで及ぶ等の過酷な勤務条件の下でなされるため、こうした職員の処遇は重視され、計数管理担当の予算総括係では主計官以下全員がノンキャリアとされ、さらに決算担当の司計課でも同様の扱いとなり、場合によっては、一部の課の課長職もノンキャリアに割り当てられることがあるという[53]。また、「ベテラン」は、「本省での予算づくりに生きがいと誇りをもち、20年、30年とただひとすじに生きぬいてきた人たち」であり、「ベテランなしには法案も予算もつくれない」とまでいわれ、優れた者になると「自分のポストに関連する何十という法の必要な主要条文はそらんじている」[54]。

文部省でも、本省勤務のノンキャリアは、若いうちに選抜された優秀な人材である。文部科学省の職員の論述によると[55]、そもそも、文部省では、ノンキャリアは原則、本省内部部局での採用は行わず、国立学校その他の施設等機関の本省外で採用されている。「各地の国立学校等に勤務するノンキャリア職員で内部部局勤務を希望する者は、だいたい20歳代のうちに、人事課が毎年実施する転任試験を受ける。国立学校等の庶務課長などの管理職にある者が、これはと思う若い職員に『本省勤務』を勧めるということも多い」。同省のノンキャリアは、国立学校等の約6万人という広いすそ野から選ばれてきた1,000人余りの職員であるため、優秀であるといわれている[56]。また、「転任試験に合格したⅡ・Ⅲ種職員は、大臣官房、各局または文化庁の内部部局に配属になる。いったん配属された局から外に出ることはあまりない。同じ局

内で係員としての仕事をしながら制度や行政手法を学び、30歳に達した頃に主任になり、32歳に達した頃に係長になる。以後38歳頃まで2-3の係長ポストを経験することになるが、その場合も局の外に出ることはほとんどない。このようにⅡ・Ⅲ種職員はそれぞれの局内でいわばスペシャリストとして育てられる。全省人事でジェネラリストとして育てられるⅠ種職員とは対照的である」[57]。

　文部省に入省した寺脇は、1979年、大学局高等教育計画課の係員時代に放送大学を設立するための相談に会計課に行ったときのことを回想して、「会計課といえばノンキャリアのプロ集団で、相談に行くと30代後半くらいの大ベテランの係長が出てきた。それに対してこちらは、会計の『か』の字も知らない若造である。とにかく謙虚な気持ちで一から教わるしかない。その経験を通して、いわば会計のプロの人たちとの人間関係ができたことは、後々私の財産になった」と述べている[58]。また、同年、同課の法規係長になり、大学局内の国会質問の割り振りを担当している折りに、仕事の押し付け合いが起きたときのことを回想して、「『これはうちの担当ではない』と、私を責め立てに来る先輩係長たちも、それを引き受けて課に戻ると、今度はベテランのノンキャリアの係長たちから、『なんでこんなの引き受けたんだ』と文句を言われるわけで、ときには私が直接出向いてお願いしたこともある。会計課に会計のプロがいるように、たとえば大学課には、国立大学のことならなんでも知っているという、その道一筋のプロがいる。職人気質の彼らは、最初のうちは私が行っても振り向いてもくれない。しかし年齢は10歳も違えど同じ係長である。(略)」と述べている[59]。寺脇のこうした2つの回想から、ノンキャリアは、係長を務めるのがキャリアより10歳程度年上になるといった、昇進面での不利はあるものの、会計分野やその他特定の職務分野でスペシャリストとして専門性を深め、キャリアと対等に渡り合うことができると考えられる。

　厚生省でも、ノンキャリア・プロパーと呼ばれるⅡ種、Ⅲ種の事務官は、「地方の施設等機関から優秀な人材を引っ張ってくることも多」く、局ごとに採用され、その採用された局への帰属意識があり、「局ごとに一種のグループを形成している」。人事異動は、地方公共団体への出向や、局組織再編の折に

は局の枠を越えた異動もあるが、基本的にはその局内で行われている。同省のノンキャリアは、「各課の総括補佐のポストを占めており、予算要求に始まる予算編成、年度予算に基づく各種事業の実施」を担い、「基本的には当該局における一定の課長ポストがプロパー事務官の最高位のポストとなる」[60]。

1963年に入省した岡光は、社会施設関係・国立治療院・社会保険といった分野で特別勘定等にかかわるノンキャリアについて、「私が厚生省に入省した当時、こうした旧内務省から引き継いだ領域の仕事を受け持っていた古いタイプの役人はことのほか優秀だった。彼らはみなかつての日本の軍隊でいえば『鬼軍曹』のような叩き上げのタイプのひとたちばかりだった。いってみれば『初年兵』で入ってきて西も東もわからないような私に対して、文書起案の仕方から国会答弁の書き方、大蔵省との折衝の仕方などを手取り足取り教えてくれた」と回想している[61]。

本省庁で勤務するノンキャリアの多くは、特に大蔵省、文部省にあっては20歳台という若さで、年齢は必ずしも明らかではないが厚生省においても、多くのノンキャリアを抱える地方支分部局等の関連機関という広いすそ野で採用された者のなかからさらに選抜された優秀な職員である[62]。また、この3省において共通してノンキャリアは、その後の異動は少なく、特に局を越えた異動をするのはまれであり、予算・会計をはじめ、各局の特定の職務分野で専門性を高めていくものと思われる。

3. 職場構成と課長による統制の限界

職場構成は、省庁や部署によって差異があろうが、大蔵省本省における多くの職場は、課長はキャリア事務官が占め、課員はキャリア事務官とノンキャリアが混じり合って構成されていると考えられる。例えば、主計局では、局長、局次長、主計官、主査、係長、調査主任、係員という縦のラインで予算編成がなされるが、1985年6月に総理府・司法・警察関係担当の、課長級である主計官となったあるキャリアは10人程度のまとめ役で、部下として、主査が総理府担当3人、司法・警察担当2人、係長が総理府担当2人、司法・警察担当

1人、全員の世話をする調査主任が1人いて、キャリア事務官は自分以外主査2人で、残りは全員ノンキャリアであった[63]。

　文部省本省においても、通常は、キャリア事務官（同様に扱われるキャリア技官を含む）とノンキャリアによって課が構成されているものと考えられる。また、両者の職務は、「キャリアは法規関係、ノンキャリアは予算関係というすみわけが行われ」（原文の括弧は省略）[64]ており、職場内で法令案の作成にかかわるか、予算事務を担当するかによって役割分担がなされている。この分担は、前節（1）で述べた、キャリア事務官である寺脇自身の法令案作成の回想と、前節（3）で触れた、寺脇の会計課での経験と一致している。また、同省のキャリア技官である建築技官は、本省大臣官房文教施設部と国立大学等の出先機関を往復する人事が中心で、かつ採用人数の少ないこともあって、本省の課内でキャリア事務官と同居することはまれであると思われる。

　これに対して、厚生省本省においては、職場内におけるキャリア事務官、キャリア技官、ノンキャリアの混成が一般化している。「厚生省では、各種のグループがそれぞれ全く異なる人事システムをとりつつ、一定の業務を遂行するために同一の課、局に配置されているところが1つの特色である」といわれる[65]。たとえ、キャリア技官である「医系技官を課長とする課の内部において」でも、「医系技官の配置は課長補佐、専門官ポストに集中しており、（略）末端までのラインが形成されているわけでもない」のである[66]。

　このように、3省の本省における職場構成は主に、大蔵省、文部省においてはキャリア事務官とノンキャリアの混成、厚生省ではさらにキャリア技官を交えた混成となっている。そこで、こうした状態における課長による課員の統制を人事のあり方と職務の役割から考えてみる。

　キャリア事務官である課長は、職場内にいる課長補佐以下のキャリア事務官に対しては、インフォーマルな先輩・後輩関係で一定の統制力を持つものと思われる[67]。ただし、勤務評定は、先に述べたように、仮に多少問題があるキャリア事務官であっても、心ある課長であれば、将来を案じて抑制的に記載する可能性が残り、また、「評判」による評価が収斂している場合に極端な評価を行えば、逆に課長自身の評価姿勢が問われかねない。

さらに、大蔵省の吉田の主査時代、文部省の寺脇、厚生省の古川、岡光の課長補佐時代の例に見たように、課長補佐級の職員が、課長が知り得ない情報を知ることになるかもしれない他省庁との直接交渉をしたり、法令案や予算案を中心となって作成したりと第一線で働くため、課長もしくは課長級である主計官は、キャリアの課長補佐に依存せざるを得ない。大蔵官僚であった久保田も、「世間にはよく知られていないが、役人は自分の人事のことで走りまわることは少ないが、自分の部下の人事では奔走する。部下の交代の時期が来ると、良い部下を獲得するために努力するのである。自分の仕事をスムーズに進めるために部下の果たす役割は大きい。きわめて優秀な課長補佐であれば、本人に任された事項はもちろんのこと、上司である課長の仕事についても適切なアドバイスをしてくれるし、さらに出来が良ければ、その局全体の政策の方向についても適切な考えを示してくれる。それを実現するための局としての戦略も考えてくれる」と、部下に優秀な課長補佐を持つ効用を説いている。また、久保田は、自らが主税局の課長補佐時代に、新しい道路整備5か年計画の財源のあり方について、国の負担割合に関して実情に合った計算方式を上司に進言したとき、上司の真意を取り違えて上司が気乗りしないと思い込んで積極的に推進しなかったために、その考えが取り上げられなかったことを回想して、「部下は自分が気づいてないところで意外なほど影響力を行使しているとの感を持ったのである」と、課長補佐が部下として課長に対してもつ影響力の大きさを述べている[68]。

　キャリア技官については、大蔵省にはほとんど存在しないものと思われる。また、文部省では、建築技官が存在したが、キャリア事務官とほぼ完全に職位の棲み分けをしていると考えられ、その他のキャリア技官は、キャリア事務官と同様に扱われている。

　職場内でキャリア事務官である課長がキャリア技官と遭遇するのは、厚生省においてである。同省のキャリア技官である医系技官については、すでに見たように、医系技官のなかで、キャリア事務官と異なる部局を中心に人事が実質的に決められている。となれば、キャリア事務官である課長の人事権は、キャリア技官に対して直接には及ばないことになる。また、医学部を卒業し、医師

免許をもつ医系技官は、キャリア事務官にはわかりにくいと思われる医学を専門として学んでいる。確かに、キャリア技官は、医師としての専門知識については、就任する職位が自らの専門性と必ずしも一致しないこともあり、「行政官としてのキャリアが長くなるほど医師としての専門性には疎くならざるを得ない」であろうし[69]、また、行政官としての日常を送っているために、最先端の医療技術に追いついていくのは難しいと想像される[70]。しかし、医学知識が少ないキャリア事務官は、医系技官の行うことに口を挟めず、統制力が不足する可能性は十分に考えられる[71]。

ノンキャリアについては、課長の影響力が、各局総務課でなされる人事にどの程度まで及ぶか不明確な点が残る。先に述べたように大阪税関に勤めた平野は、ノンキャリアの幹部候補の選抜に関する決定は「Ⅰ種キャリアの主導のもとに行われ」ているとしていた。しかし、小泉純一郎元内閣総理大臣の首席秘書官を務めた飯島勲は、「霞が関の官僚に関して案外知られていないのは、ノンキャリア官僚の存在の重さです。政府が行う施策は、実務レベルにおいて、ノンキャリアによって動いています。人数的にも八割を占めています。そのノンキャリアの実質的な人事権を握っているのは、実は大臣でも次官でも局長でもありません。彼らの人事権を握っているノンキャリアの『ボス』がいるのです」と、ノンキャリアが自らの集団の人事権を実質的に握っていると指摘している[72]。飯島のこの考えが、どの程度全省庁にわたる一般的なことなのか定かではないが。

ただ、元文部官僚の寺脇は、「生涯学習局の筆頭課である生涯学習振興課の課長というのは、局内のノンキャリアの人事を動かす権限を持っているポストでもある。だいぶいい気になっていた私は、周囲との人間関係や仕事との相性などがあって力を十分に発揮できていないでいる局内の職員のほとんどを、自分の課に集めてしまった」と述べ、キャリア事務官である自らが同課課長として実際にノンキャリアの人事を行ったと回想している[73]。

キャリア事務官は、局を跨る異動があるので、各局総務課で行われる大量のノンキャリア人事の詳細にどこまで立ち入れるかは一概にいえない。同じキャリア事務官であっても、局総務課に影響力がある者とそうでない者がいるとも

思われる。文部省の寺脇は、生涯学習局に設立前からかかわっていたことは先に触れたが、同局の課長補佐、企画官、課長（そして後に審議官）を経験したからこそ、筆頭課長としての権限を行使して、同局におけるノンキャリアの人事を行うことができたのかもしれない[74]。また逆に、同局の寺脇以外の課長は、ノンキャリアに対する強い人事権を持っていなかったことになる。

そもそもノンキャリアは、通常昇格がせいぜい課長補佐までで頭打ちとなり、課長職が用意されている場合があっても、課長になるのはごく少人数にとどまる。また、配置転換も少なく、本省にあっては、キャリアのように職位によって差異をつけて、評価を差別化することも難しくなる。ノンキャリアに対する課長の統制は、ノンキャリアに異動の機会が少ないことからも及びにくいといえよう。

また、ノンキャリアは、一つの職位に長くとどまることによって独自の専門性を身につける。知識や技能を３種類に分けて、習得に一定の時間と才能・努力が必要とされるが、一度習得すれば汎用性のある「専門能力」、この専門能力を、当面する職場・職域の必要に応じて修正・発展させた「職務能力」、さらに、職務にまつわる固有名詞と個体差に関する情報を入手して自己に有利に利用する技術を「職場能力」と考えるならば[75]、基本的に異動が少なく、かつ、異動が行われたとしても同じ局内にとどまるノンキャリアは、職務能力と職場能力に秀でることになる。ノンキャリアは、大蔵省で予算数理の管理を行い、文部省で会計や国立大学に関する知識をもち、厚生省で予算編成と年度予算に基づく各種事業の実施事務を取り仕切っていた。その上、先に述べたように本省におけるノンキャリアの係長、課長補佐は、若くしてすでに選抜された優秀な者が多い。キャリア事務官である文部省の寺脇や厚生省の岡光が頭を下げて教えを請うてもおかしくない。となれば、法令案の作成を中心に経験を積んだキャリア事務官である課長は、ノンキャリアによって分担される職務においそれとは口を挟めないのではないか。

さらに、キャリア事務官の課長本人は、通常１年から３年程度で別の職場に異動してしまう。まさに政官関係における、一年で交代する大臣と官僚制の関係にも似て、本省に勤めるノンキャリアにとって課長を含めてキャリアは

「お客さん」[76]であり、異動の少ないノンキャリアは、その職務能力・職場能力を梃子に職場で存在感を示すことができる。厚生省にアメリカ帰りの医系技官として課長補佐で入省したとき、総務係長から「いじめ」を受けたとする宮本政於は、「役所では課というミニ組織を運営する権限を与えられた人が必ず存在している。係長のポストではあるが実務経験が豊富で、若手の補佐などよりはるかに役所の裏表を知っている。在籍年数が幅をきかす官僚組織、係長といってもかれらは隠然とした影響力を行使する。省内では、場合によっては課長より影響力があるぐらいだ。ボス面をするのもわからないでもない。それだけの資質があるのだからボス面をすることに異議を唱えるわけではない」と、ノンキャリアが在職年数を重ねることにより、職務能力・職場能力を身につけ有能であること、職場内で相当の影響力をもっていることを述べている[77]。同様に、厚生労働省にアメリカでの生活を経験した後に医系技官の室長として入省したとき、ノンキャリアの総括課長補佐から「いやがらせ」を受けたとする木村盛世も、「厚労省をはじめとする省庁は、ふんぞり返って何もできない課長を有能なノンキャリアが陰ながら支えているのです。ですから、ノンキャリアと言っても、総括補佐という課長補佐の中でいちばん上のポストになってくると、大奥のお局様のような存在です。総括補佐になる人はノンキャリアの中でも出世頭です」と、ノンキャリアが有能であり、職場内で相当の影響力を持っていることを述べている[78]。両氏とも、組織になじめず、左遷人事を受けた身でありながら、いじめやいやがらせを行ったとする相手の能力を高く評価しているのである。

　厚生省について「これは結果論の見方かもしれないが、それぞれの集団が有する専門的立場を生かしつつ当該所属する組織の当面する行政課題に関与し、政策形成に取り組むことにより、その時点における適切な対策の選択につながることが期待されているものと思われる」[79]との同省職員の指摘は、それぞれ異なる人事体系と専門性という2重の意味で異質的集団が職場内に混在しているなかで、一つの政策をまとめていく難しさを逆説的に表したものといえるのではなかろうか。

　となれば、職場内で文書を回覧する稟議制も儀式外の意味を持つことにな

る[80]。職場が人事と専門性という面で異なる複数の集団によって成り立っている場合には、政策の実効性を確保するためには、それぞれの集団の了解をあらかじめ取っておく必要がある。また、大部屋の執務室がインフォーマルな意味での情報共有を支えているように、稟議制は、フォーマルな意味での情報の共有という役割を持ち、かつ職場で職位を有する職員のみの共通理解が得られるだけでなく、職場にある個々の職位から発せられ、それぞれの集団に通じる情報共有によって省内全体の統一的運営に役立っているのではなかろうか。逆に、一定の人事・専門集団でラインを形成することは、政策の統一性を確保するのには有利かもしれないが、政策が省庁全体では共有されず、特定の集団の利害が中心に反映されたものになりかねない[81]。

4. おわりに

　大蔵省、文部省、厚生省といった中央省庁本省の職場は、人事と専門性という面で異なる複数の集団から成り立っている。キャリア事務官は、官房人事部局が人事管理を行い、異動が頻繁で、法令案や予算案の作成といった政策立案を担当する。他方、キャリア技官は、キャリア事務官とは人事担当部局とキャリアパターンが異なり、特定の専門能力を持つ場合がある。また、ノンキャリアは、各省庁の地方支分部局等の広いすそ野からすでに選抜された優秀な者が多く、各局総務課が主に人事管理を行い、異動が少ないことによって職務能力・職場能力を蓄えている。そのような特徴のある集団が、1つの職場に集っているのである。

　その結果、キャリア事務官であることが多い、職場の管理者たる課長は、その統制力が限られてしまう。そもそも、課長が人事面で課員に影響を及ぼす公式の手段である勤務評定には記載に抑制が求められ、実質的な課員の人事では、職場全体の評価を含み、一定期間積み重ねて定まって行く「評判」による評価が重視される。課長は、課員が同じキャリア事務官であれば、その「評判」による評価とインフォーマルな先輩・後輩関係によって一定の統制が可能であるが、最終的な人事決定はそれぞれの集団の人事担当部局が中心に担うと

考えられる。厚生省の医系技官や文部省の建築技官のように、キャリア技官の人事が別立てでなされる例もあり、また、各局総務課に対してもちうる影響力の大きさによって課長は、異動の機会が限られているノンキャリアの人事に直接に影響力を及ぼせない場合もある。

　他方、課長が職務自体を統制しようにも、職務は、集団ごとの分業によってなされる。課長は、法令案や予算案の作成で他省庁との交渉を含めて第一線で働くキャリア事務官の課長補佐に依存することもあり、キャリア技官は特定分野の専門能力をもち、すでに選抜された存在である優秀なノンキャリアは、異動が少ないこともあって高められた、予算・会計等の職務能力・職場能力を身につけている。となれば、こうした諸集団のいずれかに属する課員で行う職場内の稟議は、並存する諸集団に了解を取りつけることによって、政策の実効性を高めるとともに、職場内秩序の維持、さらに諸集団から構成される省庁全体の統一に資する機能があるものと思われる。

　課長の裁量がきくのは、法令・規則の制定といった政策立案のイニシアティブをとることにあるのかもしれない。文部官僚だった寺脇は、課長になるメリットとして、新たな政策を行うとき、係長・課長補佐・課長・審議官・局長のすべてのラインに了解を取らなければならないが、局長は直接の責任を取らなくてよいことが多いので、実質的に部下の管理責任能力を問われる課長が責任を取るリスクさえ負えば、独断専行が可能であり、裁量も大きいことを述べている[82]。

　自らの思う政策を推し進めるために、もしくは、部下に対する管理責任能力を問われないために、管理職である課長は、人事権と専門知識という、フォーマルな意味での統制手段を課員に対しては限られた形でしかもたない。だからこそ、それを補うために、課長には、資質として人格的要素である「よき人柄」が求められ、職場の融和に努めて、集団ごとに分裂する要因を含んだ職場内の秩序を維持することが期待されているのかもしれない。

注記

引用の際、参照文献のうち人事院の編集した文献については、文献名を用い、かつ、紙幅の都合と煩瑣を避けるため、参照した頁の表示を省略している。

注

1) 大森（2006）52.
2) 大森（2006）77.
3) 大森（2006）142. 八幡（1995）166-168. 参照、林（2003）81-83. 木村（2009）41. 林雄介と木村盛世は、課長を「お殿様」にたとえている.
4) 大森（2006）142. 林（2003）81-82.
5) 2001年1月の中央省庁の再編と同時に、合併等により省庁名の変更があったが、本章では、それ以前の省庁の名称に「旧」の標記は付けないこととする.
6) 寺脇（2008）205.
7) 脇山（1994）22-23. 参照、伊藤（1980）50-51.
8) 参照、久保田（2002）81-83.
9) 大部屋主義の定義については、大森（2006）63.
10) 大森（2006）72-78.
11) 大森（2006）77-78. 参照、加藤（1983）174.
12) 伊藤（1980）49-61.
13) 参照、西尾（2001）135. 142-145.
14) 参照、吉田（1997）vi.
15) 西尾（2001）143. 参照、大森（1999）323-324. なお、旧上級甲種試験は、1985年度（昭和60）年度の試験から、採用I種試験となった.
16) 西尾（2001）144. 参照、藤田（2008）、x、xiii-xv、注（1）.
17) 例えば、早川（1997）186-190.
18) 参照、西尾（2001）143.
19) キャリアとノンキャリアの人事の対比について詳しくは、拙稿（2006）42-48. を参照. 参照、村松（1994）33. 57.
20) 拙稿（2006）42-43. 55-66.
21) 村松（2005）88.
22) 大森（2006）74. 久保田（2002）144-147. 参照、加藤（1983）174-175. 村田（2002）139.
23) 参照、河東（2005）152-153. 城山・細野編（2002）341.
24) 参照、伊藤（1980）99.
25) 神（1986）93-96.

26) 吉田（1997）20-24.
27) 寺脇（2008）56-62.
28) 古川（2005）64-65.
29) 岡光（2002）92-106.
30) 拙稿（2006）60-61.
31) 吉田（1997）37.
32) 城山・鈴木・細野編（1999）234.
33) 吉田（1997）38-39.
34) 寺脇（2008）129-130, 135-137, 141-145.
35) 寺脇（2008）144-145, 162-197.
36) 古川（2005）92.
37) 岡光（2002）107-108, 130.
38) いずれの人数も、採用年の4月1日現在に最も近いと思われる数値を記している。『公務員白書』（各年版）、『人事院月報』（1965年4月、170号）、（1966年5月、183号）、（1972年3月、253号）。人事院が1978（昭和53）年以降発行している『公務員白書』に掲載されている「国家公務員採用Ⅰ種試験の区分試験別・省庁別採用状況」に当たる表と、それ以前に発行された『人事院月報』の記事である「合格者の採用状況」に掲載されている同様の表の数値を用いている。なお、合格した試験区分の別はわからないが、東京大学理学部数学科卒業後、学士入学して同大経済学部を卒業し、1980年に大蔵省に入省した高橋洋一は、「数学科出身は、過去、私を含めて3人入った例があるだけだった」と回想している。高橋（2008）38-41.
39) 藤田（2008）55.
40) 坂本（2006）148.
41) 参照、藤田（2008）69-101.
42) 藤田（2008）54-55. 参照、城山・鈴木・細野編（1999）182. 木村（2009）58.「ザ厚労省　第2部　変わらぬ予感：閉じた技官ワールド　大医の志生かせぬ構造」『日本経済新聞』、2008年10月10日.
43) 表10-1は、採用年の4月1日現在に最も近いと思われる人数を記している．
44) 城山・細野編（2002）173-174.
45) 参照、西尾（2001）143.
46) 西尾（1993）202.
47) 拙稿（2006）42-48. 参照、上記（注）19.
48) 稲継（1996）32-34.
49) 神（1986）145-146.
50) 稲継（1996）34-36.

51) 平野（2002）63-64.
52) 拙稿（2006）57-58.
53) 城山・鈴木・細野編（1999）236.
54) 栗林（1990）36.
55) 城山・細野編（2002）176-177.
56) 文部省キャリア事務官であった寺脇も同様に、「私は『文部省はキャリア三流、ノンキャリ一流』ということをしばしば口にしていたが、ノンキャリアだけを比較すると、文部省は一流中の一流だと自信を持って言える」と、同省の本省で働くノンキャリアが非常に優秀であると強調している。寺脇（2008）38-39. 参照、脱藩官僚の会（2008）204.
57) 城山・細野編（2002）177.
58) 寺脇（2008）71-76.
59) 寺脇（2008）79-83.
60) 城山・鈴木・細野編（1999）182. 参照、藤田（2008）51.
61) 岡光（2002）187-188.
62) 同様に、場合によっては20歳台という若いうちに、関連する機関の広いすそ野から本省庁に選抜する形態は、郵政省、自治省、法務省、警察庁といった他省庁にも見られる。参照、城山・細野編（2002）16, 21-22, 112-113, 129-131, 216, 251, 神（1995）190.
63) 栗林（1990）36-37, 196-197.
64) 城山・細野編（2002）19.
65) 城山・鈴木・細野編（1999）182. 参照、木村（2009）40-41, 56, 63-65. 医系技官として厚生労働省に入省した木村は、大臣官房統計情報部人口動態・保健統計課に勤務したとき、（おそらく事務官の）キャリアの課長を上司として、ノンキャリアの総括補佐、部下であるノンキャリアの係長と仕事をしたことを回想している。
66) 藤田（2008）55.
67) 拙稿（2006）49-51.
68) 久保田（2002）93-94, 145.
69) 藤田（2008）56-57, 190-191.
70) 木村（2009）2-3, 102-105.
71) 参照、藤田（2008）186, 203, 注（35）. 毎日新聞薬害エイズ取材班（1997）94-95.
72) 飯島勲「リーダーの掟⑨ キャリア官僚の『出世の階段』と落とし穴」『プレジデント』2009年3月16日号、111.
73) 寺脇（2008）218.
74) 寺脇（2008）138, 236.
75) 水谷（1999）359-375.
76) 早坂（1996）21. 参照、栗林（1990）41.

77) 宮本（1993）164-171.
78) 木村（2009）41-43, 63-65.
79) 城山・鈴木・細野編（1999）182-183.
80) 参照、伊藤（1980）49-51. 伊藤は、稟議制が集団的一体性を作り出すことを指摘している。参照、木村（2008）42. 木村は、意思決定における稟議制の煩わしさを訴えている。
81) 参照、新藤（2002）87-89, 92, 97.
82) 脱藩官僚の会（2008）190-192.

参照文献

伊藤大一（1980）『現代日本官僚制の分析』東京大学出版会.
稲継裕昭（1996）『日本の官僚人事システム』東洋経済新報社.
大森彌（1999）「キャリア組／ノンキャリア組」『情報・知識 imidas 1999』集英社.
大森彌（2006）『官のシステム』東京大学出版会.
岡光序治（2002）『官僚転落』廣済堂出版.
加藤栄一（1983）『官僚です、よろしく。』ティビーエス・ブリタニカ.
河東哲夫（2005）『外交官の仕事』草思社.
木村盛世（2009）『厚生労働省崩壊』講談社.
久保田勇夫（2002）『役人道入門』中央公論新社.
栗林良光（1990）『大蔵省主計局』講談社.
坂本勝（2006）『公務員制度の研究』法律文化社.
新藤宗幸（2002）『技術官僚』岩波書店.
神一行（1986）『大蔵官僚』講談社.
神一行（1995）『警察官僚　完全版』角川書店.
高橋洋一（2008）『さらば財務省！』講談社.
脱藩官僚の会（2008）『脱藩官僚、霞ヶ関に宣戦布告！』朝日新聞出版.
築島尚（2006）「キャリアの人事制度と官僚制の自律性」『岡山大学法学会雑誌』第55巻第2号.
寺脇研（2008）『官僚批判』講談社.
西尾勝（1993）『行政学』有斐閣.
西尾勝（2001）『行政学〔新版〕』有斐閣.
早川征一郎（1997）『国家公務員の昇進・キャリア形成』日本評論社.
早坂茂三（1996）『宰相の器』集英社.
林雄介（2003）『霞ヶ関の掟　官僚の舞台裏』日本文芸社.
藤田由紀子（2008）『公務員制度と専門性』専修大学出版局.
平野拓也（2002）『官僚は失敗に気づかない』筑摩書房.
古川貞二郎（2005）『霞が関半生記』佐賀新聞社.

毎日新聞薬害エイズ取材班（1997）『厚生省の［犯罪］薬害』日本評論社.
水谷三公（1999）『〈日本の近代 13〉 官僚の風貌』中央公論新社.
宮本政於（1993）『お役所の掟』講談社.
村田良平（2002）『なぜ外務省はダメになったか』扶桑社.
村松岐夫（1994）『日本の行政』中央公論社.
村松岐夫（2005）「日本の官僚制と政治的任用」『公務員白書』人事院（編）.
八幡和郎（1995）『官の論理』講談社.
吉田和男（1997）『官僚崩壊』日本評論社.
脇山俊（1994）『官僚が書いた官僚改革』産能大学出版部.
『公務員白書』各年版、人事院（編）（発行年は、必要に応じて文中に表示）.
『人事院月報』各号、人事院（編）（発行年月・号数は、必要に応じて文中に表示）.
『中央省庁の政策形成過程』城山英明、鈴木寛、細野助博（編）（1999）、中央大学出版部.
『続・中央省庁の政策形成過程』城山英明、細野助博（編）（2002）、中央大学出版部.

■著者紹介

荒木　勝　（あらき　まさる）
　岡山大学大学院社会文化科学研究科長
　岡山大学大学院社会文化科学研究科（法学系）教授
　担当章：発刊にあたって

Владимир Малявин　（ヴラディミル・マリャーヴィン）
　台湾　淡江大学教授
　担当章：第1章・第2章

鐸木道剛　（すずき　みちたか）
　岡山大学大学院社会文化科学研究科（文学系）准教授
　担当章：発刊にあたって・第3章

北岡武司　（きたおか　たけし）
　岡山大学大学院社会文化科学研究科（文学系）教授
　担当章：第4章

Наталья Боголюбова　（ナタリヤ・ボゴリューボヴァ）
　国立サンクト・ペテルブルグ大学　准教授
　担当章：第5章

Алексей Боголюбов　（アレクセイ・ボゴリューボフ）
　国立エルミタージュ美術館　学芸員
　担当章：第6章

福間加容　（ふくま　かよ）
　千葉大学文学部非常勤講師
　担当章：第7章

張　東震　（チャン　ドンジン）
　韓国　延世大学教授
　担当章：第8章

小田川大典　（おだがわ　だいすけ）
　岡山大学大学院社会文化科学研究科（法学系）教授
　担当章：第9章

築島　尚　（つきしま　ひさし）
　岡山大学大学院社会文化科学研究科（法学系）准教授
　担当章：第10章

■訳者紹介

鐸木道剛　（すずき　みちたか）
　岡山大学大学院社会文化科学研究科（文学系）准教授
　担当章：第1章・第2章

白　榮勲　（ペク　ヨンフン）
　大阪経済法科大学、アジア研究所客員教授
　担当章：第8章

梶原麻奈未　（かじわら　まなみ）
　岡山大学大学院社会文化科学研究科博士後期課程
　担当章：第5章・第6章

邊　英浩　（ピョン　ヨンホ）
　都留文科大学准教授
　担当章：第8章

■編著者紹介

荒木　勝（あらき　まさる）
　　最終学歴　名古屋大学大学院（修士）
　　岡山大学大学院社会文化科学研究科長
　　岡山大学大学院社会文化科学研究科（法学系）教授
　　主要業績
　　　「アリストテレス政治学における知慮（フロネーシス）の位相」
　　　『思想』2008年2月

鐸木道剛（すずき　みちたか）
　　最終学歴　東京大学大学院人文科学研究科（文学修士）
　　岡山大学大学院社会文化科学研究科（文学系）准教授
　　主要業績
　　　『イコン：ビザンティン世界からロシア・日本へ』（共著）毎日新聞社、1993
　　　『スラヴの文化』（共著）弘文堂、1996
　　　『世界美術大全集21　ビザンティン美術』（共著）小学館、1997

岡山大学社会文化科学研究科学内 COE シリーズ第3巻

東アジアの「もの」と「秩序」

2010年4月19日　初版第1刷発行

■編著者───荒木　勝・鐸木道剛
■発行者───佐藤　守
■発行所───株式会社 大学教育出版
　　　　　　〒700-0953　岡山市南区西市 855-4
　　　　　　電話（086）244-1268　FAX（086）246-0294
■印刷製本───モリモト印刷㈱

© Masaru Araki, Michitaka Suzuki 2010, Printed in Japan
検印省略　　落丁・乱丁本はお取り替えいたします。
無断で本書の一部または全部を複写・複製することは禁じられています。
ISBN978-4-88730-968-5

> 岡山大学社会文化科学研究科 学内COEシリーズ
> 全3巻

　本シリーズは、学内 COE プログラム「越境地域間協力教育研究拠点づくり」による国際共同研究の成果である。同プログラムは東アジアの持続可能な発展にとって中心的な役割を果たすべき日中韓の相互認識と理解を深め、研究教育分野における協力関係を発展させて3国間の越境地域間協力を担う人材（研究者、高度職業人）を育成することを狙いとしている。

第1巻　地域統合
―ヨーロッパの経験と東アジア―

清水耕一　編著
ISBN978-4-88730-966-1
定価 2,940 円(税込)
EU の地域統合を例にして、日中両国間の経済統合の可能性と課題を探る。

第2巻　地域間の統合・競争・協力
―EU と東アジアの現実と可能性―

榎本　悟・成廣　孝　編著
ISBN978-4-88730-967-8
定価 2,520 円(税込)
EU 統合の経験を踏まえ、地域統合が生み出す法的・政治的問題の諸相を探る。

第3巻　東アジアの「もの」と「秩序」

荒木　勝・鐸木道剛　編著
ISBN978-4-88730-968-5
定価 2,625 円(税込)
東アジア地域の共同性を考える際に避けて通れない価値観・規範観の問題を論ずる。